LERM • RABENSTEIN

Einsatzrecht kompakt – Ausländerrecht für die weitere Ausbildung

Einsatzrecht kompakt – Ausländerrecht für die weitere Ausbildung

Laufbahnprüfung erfolgreich bestehen

3. Auflage, 2024

Patrick Lerm
Polizeihauptkommissar

Astrid Rabenstein
Polizeihauptkommissarin

Dozenten für Einsatzrecht und Beamtenrecht am
Bundespolizeiaus- und -fortbildungszentrum Bamberg

BOORBERG

Bibliografische Information der Deutschen Nationalbibliothek | Die Deutsche Nationalbibliothek verzeichnet diese Publikation in der Deutschen Nationalbibliografie; detaillierte bibliografische Daten sind im Internet über www.dnb.de abrufbar.

3. Auflage, 2024
ISBN 978-3-415-07576-4
E-ISBN 978-3-415-07577-1

Titelfoto: © tanaonte – stock.adobe.com | Satz: abavo GmbH, Nebelhornstraße 8, 86807 Buchloe | Druck und Bindung: Medienhaus Plump GmbH, Rolandsecker Weg 33, 53619 Rheinbreitbach

Richard Boorberg Verlag GmbH & Co KG | Scharrstraße 2 | 70563 Stuttgart
Stuttgart | München | Hannover | Berlin | Weimar | Dresden
www.boorberg.de

Inhaltsverzeichnis

Einführung

INTRO-Video 01
[Inhalt: Vorstellung dieses Buches]

SCAN ME

AufenthG – AufenthV – SGK – SDÜ – EUVisaVO – Visakodex – Unionsbürger – Drittstaatsangehöriger – Freizügigkeitsberechtigter – Kurzaufenthalt *und, und, und.*

Das erste Mal werden Sie in der weiteren Ausbildung für den mittleren Polizeivollzugsdienst, also im 2. Dienstjahr, mit dem Themenbereich **Ausländerrecht** konfrontiert. Ihre Polizeifachlehrerin bzw. Ihr Polizeifachlehrer für Einsatzrecht wird Ihnen ziemlich schnell sehr viele neue Begrifflichkeiten an die Hand geben, mit denen Sie absolut wenig in Verbindung bringen können.

Aufgrund mehrjähriger Erfahrung in der Unterrichtung des 2. Dienstjahres sowie im Laufbahnlehrgang können wir Ihnen auch direkt zu Beginn sagen, dass viele von Ihnen das Gefühl haben werden, die komplexe Systematik des Ausländerrechts niemals zu verstehen. Keine Sorge, früher oder später werden Sie es verstehen.

Wenn Sie im 2. Dienstjahr sind, haben sie die Grundausbildung bereits hinter sich gebracht und freuen sich darauf, Ihr erlerntes theoretisches Wissen endlich in der polizeilichen Praxis anwenden zu dürfen. Das wird auch der Fall sein. Jedoch werden Sie auch in diesem Ausbildungsabschnitt sehr viele Stunden Einsatzrecht haben (mit dem Schwerpunkt Ausländerrecht).

Neben dem Bundespolizeigesetz (BPolG[1]), dem Strafgesetzbuch (StGB) und der Strafprozessordnung (StPO) werden für Sie nun, insbesondere im Bereich des Ausländerrechts, folgende Rechtsvorschriften wichtig (linke Spalte in der nachfolgenden Tabelle). In den beiden rechten Spalten der Tabelle sehen Sie die Zugehörigkeit der Rechtsvorschriften zum Unionsrecht/Völkerrecht bzw. zum nationalen Rechtskreis:

Rechtsvorschrift	Gehört zum Unionsrecht bzw. Völkerrecht	Gehört zum nationalen Recht
Aufenthaltsgesetz (AufenthG)		X
Aufenthaltsverordnung (AufenthV)		X
EU-Visa-Verordnung (EUVisaVO)	X	
Schengener Grenzkodex (SGK)	X	
Schengener Durchführungsübereinkommen (SDÜ)	X	
Visakodex (VK)	X	
Freizügigkeitsgesetz/EU FreizügG/EU		X
Beschäftigungsverordnung (BeschV)		X
Asylgesetz (AsylG)		X

Zudem werden Sie im 2. Dienstjahr mit weiteren Spezialgesetzen wie dem

- Waffengesetz (WaffG),
- Versammlungsgesetz (VersG) und
- Betäubungsmittelgesetz (BtmG) konfrontiert.

1 Beachten Sie hier die ggf. im Jahr 2024 anstehende Änderung des Gesetzes.

In den folgenden Kapiteln werden wir versuchen, Ihnen mit einfachen Worten und zielgerichteten Übersichten den Themenbereich Ausländerrecht in den Grundzügen näherzubringen. Die **Zielrichtung** dieses Buches ist ausdrücklich nicht, jede denkbare Ausnahme und jedes Detail darzustellen und zu problematisieren. Es geht vielmehr darum, dass Sie die **Grundlagen** des Ausländerrechts erlernen. Die Vertiefung muss und wird dann später in der polizeilichen Praxis (nach Ihrer Ausbildung) erfolgen.

Wir freuen uns über jede Anregung und jede Kritik, die uns mit diesem Buch voranbringt. Richten Sie diese bitte an einsatzrecht@web.de.

Diverse Lernvideos zum Thema Einsatzrecht finden Sie auf dem **YouTube-Kanal** ***So geht Einsatzrecht!*** Dieser Kanal wird von PHK Lerm betrieben.

Um auf diesen Kanal zu gelangen einfach den nachfolgenden QR-Code scannen:

SCAN ME

Link:
https://www.youtube.com/channel/UCg77frCU3HoKOx1cZ1JvvyQ

Als Ergänzung zum genannten Kanal sind ausgewählte Lernvideos über die Plattform **elopage** verfügbar. Diese wird ebenfalls von PHK Lerm betrieben.

Um auf die Plattform zu gelangen, einfach den nachfolgenden QR-Code scannen:

SCAN ME

Link: https://elopage.com/s/SogehtEinsatzrecht

Die Schwierigkeit für Bücher im Bereich des Ausländerrechts ist es, stets auf dem aktuellen Stand zu sein. Die Regelungen sind, insbesondere durch die EU-Institutionen, aber auch durch die anhaltenden Migrationsbewegungen einem ständigen Wandel unterworfen. Wir haben nach bestem Wissen und Gewissen die aktuelle Rechtslage berücksichtigt.

Bamberg, im Januar 2021

Die Verfasser

Astrid Rabenstein
Patrick Lerm

Vorwort zur 3. Auflage

Wir freuen uns auch weiterhin über die positiven Rückmeldungen zahlreicher Auszubildender (der Bundespolizei), denen das Buch eine Hilfestellung war und ist. Ebenso sind wir regelmäßig sehr erfreut über reges Interesse anderer Polizeidienststellen (außerhalb der Bundespolizei), die ebenso mit grenzpolizeilichen Fragestellungen befasst sind.

Sie werden feststellen, dass wir in der 3. Auflage die Visualisierung weiter optimiert haben. An einigen Stellen (z. B. bei Sachverhalten) werden Sie **Muster von Ausweisdokumenten** finden. Hierzu möchten wir uns ganz herzlich beim DOKIS-Team des Bayerischen Landeskriminalamtes bedanken. Unter strikter Wahrung des Datenschutzes haben wir diese Muster mit eingearbeitet. Die Muster dienen ausschließlich der Lehre.

Hinweisen möchten wir auf das sog. Chancen-Aufenthaltsrecht. Seit dem 31.12.2022 ist das Gesetz zum **Chancen-Aufenthaltsrecht** in Kraft. Weiterführende Informationen dazu erhalten Sie unter: https://www.integrationsbeauftragte.de/ib-de/ich-moechte-mehr-wissen-ueber/chancen-aufenthalt (zuletzt abgerufen am 12.12.2023).

Ebenso interessant ist sicher auch das Thema **Fachkräfteeinwanderungsgesetz**. Den aktuellen Stand dazu können Sie vertiefen unter: https://www.bundesregierung.de/breg-de/themen/arbeit-und-soziales/fachkraefteeinwanderungsgesetz-2182168 (zuletzt abgerufen am 12.12.2023).

Konkret haben wir im Buch unter anderem folgende Inhalte eingefügt, ergänzt bzw. aktualisiert:

- Kroatien, Rumänien[2] und Bulgarien[2] sind nun Schengen-Vollanwenderstaaten
- Übersicht zur Tatbestandsstruktur der Zurückschiebung und der Abschiebung
- Ergänzung eines Sachverhaltes zu § 16 AufenthV
- Einarbeitung von BGH-Rechtsprechung.

2 Rumänien und Bulgarien ab Ende März 2024

Ein weiteres, ständiges Anliegen ist die Verbindung zwischen analoger und digitaler Vermittlung von Unterrichtsinhalten. Dazu finden Sie zu Beginn einzelner Gliederungsabschnitte Intro-Videos von PHK Lerm mit Hinweisen zu den Lernzielen und den Hintergründen des Themas. Sie benötigen dafür lediglich einen QR-Code-Scanner.

Sie erhalten mit dem Buch weiterhin einen exklusiven Rabattcode (12%) auf Lernvideos auf der von PHK Lerm betriebenen Seite Elopage (Link oben).

Der Rabattcode lautet:
EINSATZRECHTKOMPAKT

Bamberg, im Winter 2023/2024

Astrid Rabenstein
Patrick Lerm

Tipps zum Umgang mit diesem Buch

TIPPS ZUM DURCHARBEITEN

- Lesen Sie langsam, es gibt keinen Grund zur Eile. Niemand drängt Sie, so schnell wie möglich fertig zu werden. Lassen Sie sich Zeit.
- Lesen Sie mehrmals. Versuchen Sie nicht unbedingt, sich gleich beim ersten Lesen alles einzuprägen. Setzen Sie auf die Erinnerung durch Wiederholung.
- Beim zweiten oder dritten Lesen kommt Ihnen das meiste schon bekannt vor: Sie haben es bereits gelernt, fast ohne es zu bemerken.
- Lesen Sie mit dem Bleistift in der Hand. Unterstreichen Sie oder markieren Sie sich (evtl. mit einem farbigen Marker) die wichtigsten Begriffe oder Passagen. So schaffen Sie sich Orientierungspunkte im Text. Aber unterstreichen Sie nicht zu viel, sonst sehen Sie hinterher vor lauter Bäumen den Wald nicht mehr.
- Notieren Sie sich Ihre Fragen. Machen Sie sich Fragezeichen an den Rand, wo Ihnen etwas unklar ist. In den meisten Fällen wird sich diese Unklarheit beim Weiterlesen oder beim wiederholten Lesen aufklären. Wenn doch einmal eine Frage bleibt, dann notieren Sie sich diese auf einem Extrablatt.

TIPPS ZUM LERNEN

- Arbeiten Sie, wie oben bereits angedeutet, immer mit dem (stets aktuellen) Gesetz und lesen Sie die relevante Stelle unbedingt nach.
- Besonders effektiv können Sie lernen, wenn Sie selbst etwas aufschreiben. Sie können zum Beispiel Ihre eigenen Merksätze formulieren, oder Sie versuchen selbst einmal, mit Ihren eigenen Worten eine Zusammenfassung zu einem Kapitel zu schreiben. Darin halten Sie kurz und knapp alles fest, was Ihnen besonders wichtig erscheint.
- Wenn Sie gerne systematisch vorgehen, dann besorgen Sie sich vielleicht einen Ringbuch-Ordner (DinA4), am besten mit

einem bunten Register. Dort können Sie zu jedem Abschnitt dieses Buches geordnet Ihre Fragen, Ihre Merksätze oder Ihre Zusammenfassungen abheften und sammeln.

1. Entwicklung des Ausländerrechts

INTRO-Video 02
[Inhalt: Entwicklung des Ausländerrechts]

SCAN ME

Haben Sie sich gefragt, warum Sie so viele Gesetze für das Ausländerrecht benötigen?

Wir leben in der Europäischen Union (EU) und haben einen gemeinsamen Lebensraum, der sich aus vielen Einzelstaaten zusammensetzt. Dieses Lehrbuch soll nicht (wie bereits in der Einführung angedeutet) dazu dienen, Ihnen eine detaillierte Abhandlung über die Entwicklung der Europäischen Union zu liefern. Aber um die oben genannte Frage zu klären, müssen wir hier (zumindest) ein paar Sätze dazu schreiben.

Das heutige Europa, wie Sie es kennen, besteht aktuell aus **27 EU-Staaten**.

> [Belgien; Bulgarien; Dänemark; Deutschland; Estland; Finnland; Frankreich; Griechenland; Irland; Italien; Kroatien; Lettland; Litauen; Luxemburg; Malta; Niederlande; Österreich; Polen; Portugal; Rumänien; Schweden; Slowakei; Slowenien; Spanien; Tschechien; Ungarn; Zypern]

Das war nicht immer so. Ganz am Anfang waren es nur sechs Staaten, die sich zur Stabilisierung des Friedens vertraglich darüber geeinigt haben, eine Europäische Gemeinschaft für Kohle und Stahl (EGKS) zu gründen. Im Laufe der Zeit wurden diese Verträge immer wieder erweitert und immer mehr Staaten haben sich dazu entschlossen, diesen Gemeinschaften beizutreten und die Verträge zu unterschreiben.

Es wurden die Europäische Atomgemeinschaft (EAG) und die Europäische Wirtschaftsgemeinschaft (EWG) gegründet. Jede Gemeinschaft musste einzeln rechtlich geregelt werden, sodass die Mitgliedsstaaten sich entschieden haben, alle Verträge zusammenzuführen. Daraus ist die Europäische Gemeinschaft (EG) entstanden.

Es wurden Organe für die Legislative, Judikative und Exekutive geschaffen, da gewisse Bereiche der nationalen Politik zur Regelung an die EG abgegeben wurden. Auch der Bereich des Ausländerrechts wurde in Teilen zur einheitlichen Regelung abgegeben. So entstand das Schengener Durchführungsübereinkommen (**SDÜ**).

Das SDÜ enthielt Regelungen zum Abbau der Kontrollen an den gemeinsamen Binnengrenzen sowie Regelungen für Drittstaatsangehörige für eine zeitliche Beschränkung ihres Aufenthalts im Schengen-Raum.

Dieses Durchführungsübereinkommen wurde jedoch nicht von allen EU-Staaten akzeptiert.

Heute befinden sich insgesamt **29 Staaten** im sogenannten **Schengen-Raum**. Hiervon sind zeitgleich 25 Staaten EU-Staaten. Die anderen Staaten sind Island, Norwegen und Liechtenstein, die (nur) EWR-Staaten sind, sowie die Schweiz, die EFTA-Staat ist und ein Freizügigkeitsabkommen mit der EU hat.

> **Schengen-Staaten im Überblick:**
>
> Belgien; Bulgarien (ab Ende März 2024); Dänemark; Deutschland; Estland; Finnland; Frankreich; Griechenland; Italien; Kroatien[3]; Lettland; Litauen; Luxemburg; Malta; Niederlande; Polen; Portugal; Rumänien (ab Ende März 2024); Schweden; Slowakei; Slowenien; Spanien; Tschechien; Ungarn; sowie – außerhalb der EU – Island; Liechtenstein; Norwegen; Schweiz.

Die Grundidee Schengens ist ein gemeinsamer Außengrenzstandard, freies Reisen innerhalb Schengens und im Binnenbereich das Treffen von Ausgleichsmaßnahmen, um mögliche Beeinträch-

3 Am 1.1.2023 führte Kroatien den Euro als Währung ein und trat dem Schengen-Raum voll und ganz bei. Europäische Kommission, Pressemitteilung v. 30.12.2022, abrufbar unter: https://ec.europa.eu/commission/presscorner/detail/de/ip_22_7907 (zuletzt abgerufen am 16.10.2023).

tigungen für die innere Sicherheit der Vertragsstaaten zu minimieren. Folgende Ausgleichsmaßnahmen sind zu erwähnen:

Personenverkehr

- Intensivierung der Personenkontrollen an den Außengrenzen der Vertragsstaaten nach einheitlichen Kriterien (siehe dazu Art. 8 SGK)
- Harmonisierung der Visapolitik durch Einreise von Drittausländern (jede Person, die nicht Staatsangehöriger eines der Mitgliedstaaten der EU ist) nach einheitlichen Grundsätzen
- Erteilung von Sichtvermerken (Visa) nach einheitlichen Grundsätzen
- Einführung eines einheitlichen fälschungssicheren Sichtvermerkes, der für alle Schengen-Vertragsstaaten gültig ist (sogenanntes Schengen-Visum)
- Einreiseverweigerung für Drittausländer, die von einem anderen Schengen-Vertragsstaat ausgewiesen oder abgeschoben wurden
- Festnahme und anschließende Abschiebung von Drittausländern, die sich unerlaubt in einem der Schengen-Vertragsstaaten aufhalten

Grenzüberschreitende Zusammenarbeit der Polizeien

- Gegenseitige grenzüberschreitende Zusammenarbeit
- Austausch von Verbindungsbeamten
- Technische Zusammenarbeit an den Grenzen
- Grenzüberschreitende polizeiliche Observation entsprechend bilateraler Vereinbarungen
- Grenzüberschreitende polizeiliche Nachteile entsprechend bilateraler Vereinbarungen

Justizielle Zusammenarbeit

- Erleichterungen im Bereich der justiziellen Rechtshilfe und der Auslieferung von Straftätern
- Erleichterungen bei der Vollstreckung von Strafurteilen
- Erleichterungen bei der Zustellung von Urkunden

Rauschgift- und Waffenkriminalität

- Verpflichtungen zu praktischen und rechtlichen Maßnahmen bei der Bekämpfung der Rauschgiftkriminalität und Anpassung der Vorschriften des Waffenrechts

Einrichtung eines gemeinsamen Fahndungs- und Informationssystems

- Das Schengener Informationssystem (SIS)

Folgende Staaten haben (noch) einen Sonderstatus: Der EU-Staat **Zypern** ist ein sogenannter Schengen-Teilanwenderstaat. Das Vereinigte Königreich Großbritannien und Nordirland (ehemaliger EU-Mitgliedsstaat) und Irland sind dem SDÜ nie beigetreten. **Bulgarien** und **Rumänien** können dem Schengen-Raum beitreten. Einen entsprechenden Beschluss haben die EU-Mitgliedstaaten am 30.12.2023 gefasst. Zuerst werden ab Ende März 2024 die Kontrollen an den Luft- und Seegrenzen aufgehoben. Die Beratungen über einen weiteren Beschluss zur Aufhebung der Kontrollen an den Landgrenzen werden 2024 fortgesetzt.[4]

> **MERKE:**
>
> Personenkontrollen an den EU-Binnengrenzen finden bei den Schengen-Teilanwenderstaaten immer noch statt, z. B. grenzpolizeiliche Einreisekontrolle eines Fluges aus Zypern am Flughafen Berlin.

Im Laufe der Entwicklung der EU und des Schengen-Raumes wurden Teilregelungen aus dem SDÜ herausgenommen und detaillierte Vorschriften erarbeitet.

Daraus entstanden sind:

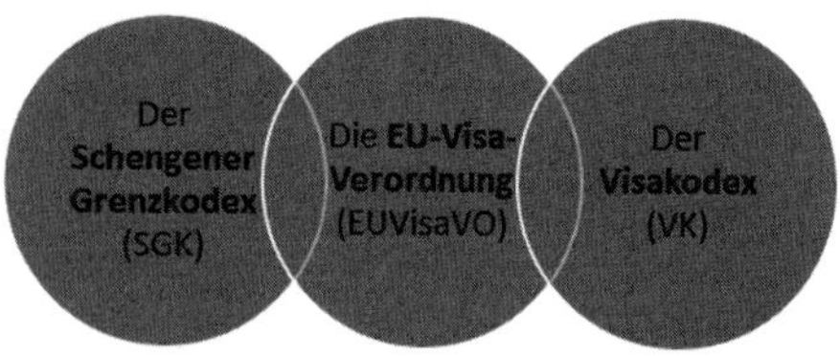

4 Abrufbar unter https://germany.representation.ec.europa.eu/news/bulgarien-und-rumanien-treten-schengen-raum-bei-freizugigkeit-gilt-zunachst-auf-luft-und-seeweg-2024-01-03_de#:~:text=Rum%C3%A4nien%20und%20Bulgarien%20k%C3%B6nnen%20dem,den%20Luft%2D%20und%20Seegrenzen%20aufgehoben

Somit kennen Sie nun bereits vier Vorschriften (die in der Grafik dargestellten und das SDÜ), die eine **entscheidende Rolle** für die ausländerrechtliche Sachverhaltsbearbeitung spielen.

Diese Vorschriften regeln in erster Linie Einreise und Aufenthalt von Drittstaatsangehörigen, die einen **Kurzaufenthalt** im Schengen-Raum planen oder sich bereits aufhalten. Was ein Kurzaufenthalt genau ist, wird in den nachfolgenden Kapiteln erklärt. Da es aber auch Drittstaatsangehörige gibt, die einen langfristigen Aufenthalt anstreben, benötigen Sie auch nationale Regelungen. Diese finden Sie u. a. im Aufenthaltsgesetz (AufenthG) und der Aufenthaltsverordnung (AufenthV).

Die wichtigsten nationalen Rechtsvorschriften:

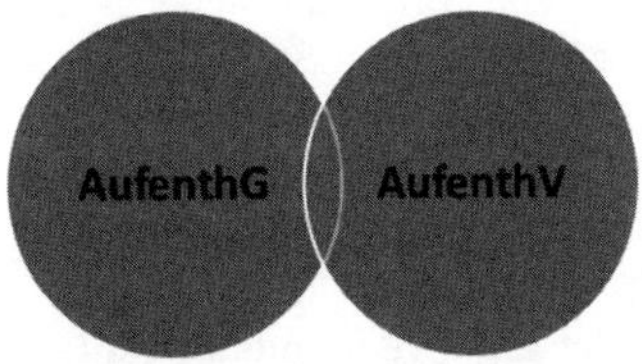

Das „europäische Ausländerrecht" und dadurch auch das nationale Ausländerrecht unterliegen einem **ständigen Wandel**. Deshalb wird es für Sie zukünftig sehr wichtig sein, Ihre Gesetzestexte immer auf den neuesten Stand zu bringen.

Bevor wir jedoch auf die einzelnen Rechtsnormen und den Regelungsgehalt eingehen, ist es notwendig, die wichtigsten Begriffe im Ausländerrecht kennenzulernen. Denn seien Sie ehrlich, auch wir haben Sie jetzt ganz schnell viele Begrifflichkeiten lesen lassen, mit welchen Sie noch wenig in Verbindung bringen können.

2. Prüfungsschema

Für den Bereich des Ausländerrechts existiert im mittleren Polizeivollzugsdienst der Bundespolizei ein eigenes Prüfungsschema für die Beurteilungen von Sachverhalten. Sie werden dieses Schema im Rahmen des Unterrichts im Ausländerrecht kennenlernen. Es unterscheidet sich vom bisher bekannten

Schema für die rechtliche Begründung von Eingriffsmaßnahmen aus der Grundausbildung. Neben dem folgenden Schema zur Prüfung von ausländerrechtlichen Fragestellungen existiert (weiterhin) auch noch das bereits aus der Grundausbildung bekannte *Schema zur Prüfung von Straftaten*[5]. Dieses findet zum Beispiel Anwendung bei der Prüfung von Straftaten aus dem Aufenthaltsgesetz (§§ 95 ff. AufenthG). Man bezeichnet dies auch als sog. Nebenstrafrecht.

Schema zur Prüfung von ausländerrechtlichen Fragestellungen

1. Herausarbeiten der anzuwendenden Rechtsnormen

1.1 Statusprüfung der Person

1.2 Grenze

1.3 Beabsichtigte Dauer und Zweck des Aufenthalts

1.4 Anzuwendende Rechtsnormen nennen

2. Prüfung der Voraussetzungen der einschlägigen ausländerrechtlichen Normen

3. Prüfung der zu treffenden ausländerrechtlichen Befugnis (Eingriff)

3.1 Befugnisnorm

3.2 Ermessensausübung

---

5 Bestehend aus den Hauptgliederungspunkten Tatbestandsmäßigkeit, Rechtswidrigkeit und Schuld.

3.3 Verhältnismäßigkeit

3.4 Sachliche Zuständigkeit für die Befugnis

3.5 Feststellung der Rechtmäßigkeit der Maßnahme

<u>In der Klausur sind folgende Fragestellungen denkbar</u>[6]:

- ***Prüfen Sie, ob die Person die Voraussetzungen für die Einreise und den Aufenthalt erfüllt.***

Hier müssen Sie auf die Punkte 1 [*Herausarbeiten der anzuwenden Rechtsnormen*] und 2 [*Prüfung der Voraussetzungen der einschlägigen ausländerrechtlichen Normen*] eingehen.

- ***Prüfen Sie die ggf. zu treffende ausländerrechtliche Maßnahme gegen die Person.***

Hier müssen Sie auf den Punkt 3 [*Prüfung der zu treffenden ausländerrechtlichen Befugnis*] eingehen.

- ***Prüfen Sie den Sachverhalt in ausländerrechtlicher Hinsicht.***

Hier müssen Sie das komplette Schema prüfen.

6 Nicht abschließende Fragestellungen.

3. Begriffsbestimmungen

3.1 Statusbestimmung

INTRO-Video 03
[Inhalt: Begriffsbestimmungen]

SCAN ME

Um im Ausländerrecht zu wissen, welche Rechtsnormen Sie anzuwenden haben, müssen sie zuerst festlegen zu welcher Statusgruppe der „Ausländer" gehört (→ siehe Prüfungspunkt 1.1 im Schema). Aber auch in der Praxis müssen Sie (in Bruchteilen von Sekunden) sicher wissen, ***wer*** vor Ihnen steht.

Dazu ein Fallbeispiel: Stellen Sie sich die Kontrolle eines Kleintransporters vor. Diese Kontrolle kann z. B. im 30-km-Grenzbereich (Polen/Deutschland) stattfinden.

Im Fahrzeug befinden sich insgesamt fünf Personen. Die nachfolgenden Namen und Personen sind fiktiv. Die Ausweisdokumente dienen ausschließlich nur der Veranschaulichung.

PERSON 1:

Der Fahrer namens Martin Martinek kann Ihnen eine (echte und gültige) polnische ID-Karte vorzeigen.

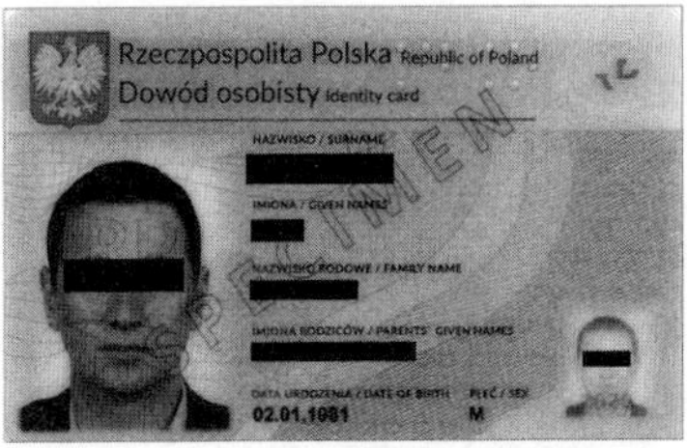

Bild © Bayerisches Landeskriminalamt, Dokumenteninformationssystem
Bild dient nur zur Visualisierung

Er gibt auf Nachfrage an, die zwei Männer (er zeigt dabei nach hinten) zum Fleischverarbeitungsbetrieb X GmbH zu transportieren. Den Auftrag dafür habe er von einem polnischen Staatsangehörigen bekommen, den er nur unter dem Namen *Boris* kennt. Er sei sich aber nicht so sicher, ob die beiden auch wirklich legal in Deutschland arbeiten können. Die beiden Männer werden anschließend von Ihnen kontrolliert und befragt.

PERSON 2 und 3:

Person 2 – Bei der einen Person handelt es sich um den **Ervin Granit**[7], der sich mit einem (echten und gültigen) albanischen E-Reisepass ausweisen kann. Über ein Visum oder Aufenthaltstitel verfügt er nicht.

Bild © Bayerisches Landeskriminalamt, Dokumenteninformationssystem
Bild dient nur zur Visualisierung

Beim anderen Mann (= Person 3) handelt es sich um **Adem Aca**[8], ausgewiesen mit (echtem und gültigem) montenegrinischen E-Reisepass ohne Visum/ohne Aufenthaltstitel. Beide sagen aus,

7 = fiktiver Name.

8 = fiktiver Name.

dass Sie morgen beim o. g. Betrieb mit der Arbeit beginnen und diese befristet für ein Jahr andauert.

Bild © Bayerisches Landeskriminalamt, Dokumenteninformationssystem

Bild dient nur zur Visualisierung

PERSON 4: Der polnische Fahrer Martinek gibt weiterhin an: Die Frau (er zeigt auf die Person) habe ihn auf einem Rastplatz in Grenznähe angesprochen, ob Sie mitfahren könnte. Die Frau gibt auf Nachfrage an, bereits seit ca. 6 Monaten in Europa zu sein. Sie sei ursprünglich über den Flughafen Warschau/Polen eingereist und habe dort ein Semester Geschichte studiert. Nun will Sie sich an der Uni Erfurt einschreiben. Es handelt sich um die US-amerikanische Staatsangehörige Nancy Pretty[9].

9 = fiktiver Name.

Sie kann sich ausweisen mit einem (echten und gültigen) US-amerikanischen Reisepass. Über ein Visum oder einen Aufenthaltstitel verfügt Sie nicht.

PERSON 5: Schließlich stellen Sie noch eine weitere Frau im Fahrzeug fest. Diese gibt an, vor einigen Stunden in Berlin am Flughafen eingereist zu sein und ebenso per Anhalter auf dem Weg nach Erfurt zu sein. Sie möchte nur zwei Wochen in Erfurt verbringen, um hier einen guten Freund zu besuchen. Im Anschluss wird Sie wieder in die USA reisen, wo Sie wohnt. Es handelt sich um die brasilianische Staatsangehörige Isabella Sophia[10], ausgewiesen mit einem (echten und gültigen) brasilianischen E-Reisepass ohne Visum oder Aufenthaltstitel.

Wie Sie anhand dieses kleinen Sachverhaltes bereits erkennen können, müssen Sie in der Praxis die an Sie herangetragenen Informationen zunächst einordnen und eventuell auch gezielt weitere Fragen stellen. Auch müssen Sie die Verbindung zwischen den Personen und die Reisewege nachvollziehen. Die Basis einer jeden Kontrolle ist jedoch die Statusfeststellung. Diese ist unabhängig davon zu bewerten, wo die Kontrolle stattfindet:

- Inland (z. B. Bahnhof Frankfurt/Main) – manchmal auch nur Inlandsaufgriff genannt
- Grenzgebiet (Landgrenze), z. B. 30-km-Bereich (Schengen-Binnengrenze)
- Schengen-Außengrenze, z. B. am Flughafen im Rahmen der grenzpolizeilichen Ein- und Ausreisekontrolle

10 = fiktiver Name.

Das Ausländerrecht differenziert zwischen verschiedenen Personengruppen, siehe nachfolgende Grafik. Anknüpfungspunkt ist die jeweilige Staatsangehörigkeit der Person.

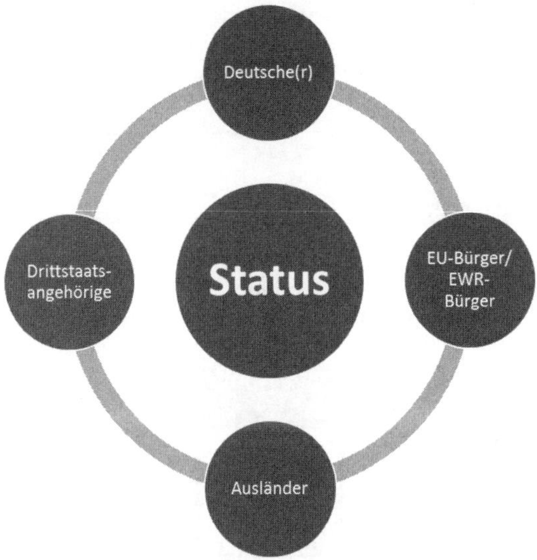

3.1.1 Deutsche(r)

Deutscher ist jeder i. S. d. Art. 116 I Grundgesetz (GG).

Art. 116 GG

(1) Deutscher im Sinne dieses Grundgesetzes ist vorbehaltlich anderweitiger gesetzlicher Regelung, wer die deutsche Staatsangehörigkeit besitzt oder als Flüchtling oder Vertriebener deutscher Volkszugehörigkeit oder als dessen Ehegatte oder Abkömmling in dem Gebiete des Deutschen Reiches nach dem Stande vom 31. Dezember 1937 Aufnahme gefunden hat.

> (2) Frühere deutsche Staatsangehörige, denen zwischen dem 30. Januar 1933 und dem 8. Mai 1945 die Staatsangehörigkeit aus politischen, rassischen oder religiösen Gründen entzogen worden ist, und ihre Abkömmlinge sind auf Antrag wieder einzubürgern. Sie gelten als nicht ausgebürgert, sofern sie nach dem 8. Mai 1945 ihren Wohnsitz in Deutschland genommen haben und nicht einen entgegengesetzten Willen zum Ausdruck gebracht haben.

3.1.2 Ausländer

Lernvideo

Inhalt:
Prüfungspunkt 1.1 im Schema = Statusprüfung

SCAN ME

Grundsätzlich ist gemäß § 2 I AufenthG jede Person – bei uns in Deutschland – Ausländer, welche **nicht die deutsche Staatsangehörigkeit i. S. d. Art. 116 I GG besitzt.**

Fallbeispiel aus dem bahnpolizeilichen Bereich:

- Zwei 23 und 42 Jahre alte Personen wurden Dienstagabend kurz vor 21:00 Uhr auf dem Bahnsteig 3 des Hauptbahnhofes Hamburg durch eine vierköpfige Personengruppe ausländerfeindlich beleidigt. Der 23-jährige Geschädigte begann daraufhin, die Tat mit seinem Smartphone zu filmen. Unvermittelt wurde er durch die Täter daraufhin geschlagen und getreten. Auch seine 42-jährige Begleiterin wurde beim Versuch zu helfen durch die Personengruppe angegriffen. Zum Glück wurden die beiden Geschädigten durch den Angriff nicht ernsthaft verletzt und benötigten keine medizinische Behandlung.

- Drei der vier Täter konnten durch umfangreiche Fahndungsmaßnahmen in Tatortnähe gestellt werden. Dabei handelte es sich um eine 28-jährige Frau und zwei 35 und 42 Jahre alte polizeibekannte Männer. Sie erwarten nun mehrere Strafanzeigen, u. a. wegen gefährlicher Körperverletzung und Beleidigung. Die Geschädigte (42 J.) kann sich Ihnen gegenüber — im Rahmen einer repressiven IDF nach § 163b II StPO — mit folgendem Dokument ausweisen:

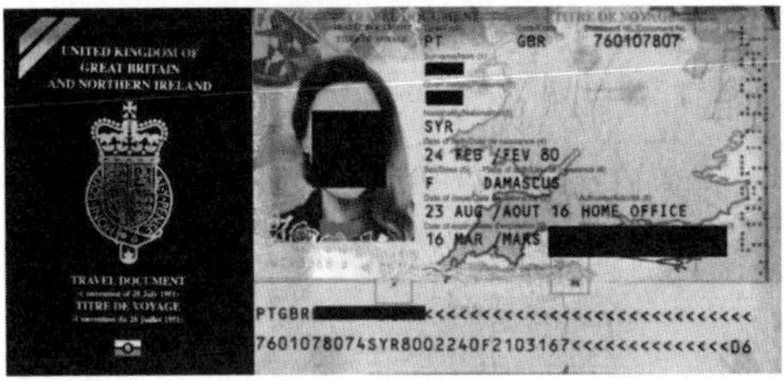

Bild © Bayerisches Landeskriminalamt, Dokumenteninformationssystem
Bild dient nur zur Visualisierung

- Ein Visum oder einen Aufenthaltstitel kann Sie nicht vorweisen. Auf Nachfrage sagt Sie, dass Sie nur für eine Woche zu Besuch in Hamburg ist. Im Anschluss daran wird Sie wieder nach London zurückkehren. Insgesamt dauert der Aufenthalt in DEU nur 14 Tage. Ihre Aussagen sind glaubhaft. Eine fahndungsmäßige Überprüfung verläuft negativ.

Frage:

Welchen Status hat die oben (mittels Passmuster abgebildete) Person?

Lösung:

Der äußere Einband des Passes könnte darauf hindeuten, dass die Person Angehörige des Vereinigten Königreiches ist. Dem ist aber nicht so. Die Person ist Inhaberin eines Reiseausweises für Flüchtlinge. Sie erkennen dies u. a. an den oberen zwei Streifen auf der äußeren Einbandseite. Sie ist entsprechend der Angabe im Reisepass **syrische** Staatsangehörige.

Sie sehen also, dass Sie bei der Statusfeststellung exakt arbeiten müssen, damit Sie die weitere Prüfung erfolgreich absolvieren können.

Der rechtliche Begriff des Ausländers ist jedoch weit gefasst, und deswegen müssen Sie weitere Differenzierungen vornehmen. Denn nicht alle Ausländer unterfallen für die Einreise und den Aufenthalt in Deutschland dem AufenthG. Sie können dies nachvollziehen mit einem Blick in den § 1 II AufenthG. Eine besondere Personengruppe ist in § 1 II Nr. 1 AufenthG enthalten. Dies ist der freizügigkeitsberechtigte Personenkreis.

3.1.3 Unionsbürger

Laut Art. 20 I 2 AEUV[11] ist Unionsbürger, wer die **Staatsangehörigkeit eines EU-Mitgliedstaates** hat.

Personen dieser Statusgruppe unterfallen (rechtlich betrachtet) dem FreizügG/EU und haben das Recht auf freien Personenverkehr. Das FreizügG/EU ist ein nationales, deutsches Gesetz. Die nachfolgenden Gesetzesauszüge beinhalten Hervorhebungen durch die Verfasser.

§ 2 FreizügG/EU (Recht auf Einreise und Aufenthalt)

(1) Freizügigkeitsberechtigte Unionsbürger und ihre Familienangehörigen haben das **Recht auf Einreise und Aufenthalt** nach Maßgabe dieses Gesetzes.

[…]

§ 2a FreizügG/EU (Visum, Dokumente, Visumverfahren)

(1) Unionsbürger bedürfen für die Einreise **keines Visums** und für den Aufenthalt **keines Aufenthaltstitels**.

[…]

11 = Vertrag über die Arbeitsweise der Europäischen Union.

Diese Regelungen (gemeint ist das Recht auf freien Personenverkehr) gilt auch für Drittstaatsangehörige, die Familienangehörige eines Unionsbürgers sind.

Das sog. **Mitreise- bzw. Nachreiserecht** der Familienangehörigen ist in § 3 I FreizügG/EU geregelt [*abgeleitetes Freizügigkeitsrecht*].

> **§ 3 FreizügG/EU (Familienangehörige)**
>
> (1) Familienangehörige der in § 2 Abs. 2 Nr. 1 bis 5 genannten Unionsbürger haben das Recht nach § 2 Abs. 1, wenn sie **den Unionsbürger begleiten oder ihm nachziehen**. Für Familienangehörige der in § 2 Abs. 2 Nr. 5 genannten Unionsbürger gilt dies nach Maßgabe des § 4.

3.1.4 EWR-Bürger

Sind Staatsangehörige von Norwegen, Island und Liechtenstein.

MERKREGEL: Die sog. **NIL**-Staaten!

Diese Statusgruppe genießt aufgrund der EWR-Zugehörigkeit die gleichen Freizügigkeitsbestimmungen wie die Unionsbürger. Dies gilt auch für Drittstaatsangehörige, die Familienangehörige eines EWR-Bürgers sind. Gemäß § 12 Freizügigkeitsgesetz/EU – abgekürzt FreizügG/EU – gilt das FreizügG/EU auch für Staatsangehörige der EWR-Staaten und ihre Familienangehörigen.

3.1.5 Bürger der Schweiz

Alle Personen, die Schweizer Staatsangehörige sind.

Die Bürger der Schweiz und Drittstaatsangehörige, die Familienangehörige eines Schweizer Staatsangehörigen sind, leiten ihr Recht auf freien Personenverkehr aus dem **Freizügigkeitsabkommen EU/Schweiz** ab.[12]

---

12 Abkommen v. 21.6.1999 zwischen der Schweiz und der EG über die Freizügigkeit, abrufbar unter: https://www.sem.admin.ch/sem/de/home/themen/fza_schweiz-eu-efta.html (zuletzt abgerufen am 16.10.2023).

ZUSAMMENFASSUNG

EU-Bürger + Familienangehörige (Drittstaatsangehörige)[13]

EWR-Bürger + Familienangehörige (Drittstaatsangehörige)

Schweizer + Familienangehörige (Drittstaatsangehörige)

Diese Personengruppen haben gemäß Art. 2 Nr. 5 SGK [VO (EU) 2016/399] das Recht auf freien Personenverkehr.

- u. a. visafreies Reisen in jedes andere EU-Land

Art. 2 Nr. 5 SGK

[...]

5. „Personen, die nach Unionsrecht Anspruch auf freien Personenverkehr haben"
   a) die Unionsbürger im Sinne des Artikels 20 Absatz 1 AEUV sowie Drittstaatsangehörige, die Familienangehörige eines sein Recht auf freien Personenverkehr ausübenden Unionsbürgers sind, die unter die Richtlinie 2004/38/EG des Europäischen Parlaments und des Rates, fallen;
   b) Drittstaatsangehörige und ihre Familienangehörigen ungeachtet ihrer Staatsangehörigkeit, die aufgrund von Übereinkommen zwischen der Union und ihren Mitgliedstaaten einerseits und den betreffenden Drittstaaten andererseits ein Recht auf freien Personenverkehr genießen, das dem der Unionsbürger gleichwertig ist;

[...]

3.1.6 Drittstaatsangehöriger

Drittstaatsangehöriger gemäß Art. 2 Nr. 6 SGK ist jede Person, die weder Unions-, EWR-Bürger oder Staatsangehöriger der Schweiz ist und auch keine Anhaltspunkte dafür vorliegen, dass die Person Familienangehöriger eines Unions-, EWR-Bürgers oder Staatsangehörigen der Schweiz ist, welcher sein Freizügigkeitsrecht in

13 Sog. abgeleitetes Freizügigkeitsrecht.

Anspruch nimmt und dadurch für die Person kein Anspruch auf freien Personenverkehr i. S. d. Art. 2 Nr. 5 SGK besteht.

Für diese Statusgruppe gelten bei einem geplanten **Kurzaufenthalt** insbesondere die Vorschriften der EUVisaVO, SGK, SDÜ und ergänzend das AufenthG/AufenthV.

Ein **Kurzaufenthalt** ist ein Aufenthalt im gemeinsamen Gebiet der Schengen-Staaten von höchstens 90 Tagen je Zeitraum von 180 Tagen gemäß § 1 II AufenthV.

3.1.7 Besondere Statusgruppen

- **Angehörige von diplomatischen und konsularischen Vertretungen**
  - Für diesen Personenkreis gelten das Wiener Übereinkommen über diplomatische Beziehungen (WÜD) bzw. das Wiener Übereinkommen für konsularische Beziehungen (WÜK).

Exkurs zu den Diplomaten:

Immunität bedeutet im Wesentlichen einen rechtlichen Schutz vor Strafverfolgung.

Aktuelles Beispiel: Nach Holocaust-Relativierung im Kanzleramt – Kein Strafverfahren wegen Volksverhetzung gegen Mahmud Abbas

Nachzulesen unter: https://www.lto.de/recht/nachrichten/n/abbas-volksverhetzung-palaestinenser-scholz-kanzleramt-holocaust/ (zuletzt abgerufen am 12.12.2023).

- Bei Diplomatinnen und Diplomaten beruht sie auf einer historischen Sonderbehandlung, die den Vertretern anderer Staaten entgegengebracht wurde. Diese ungeschriebenen Regeln wurden Anfang der 60er Jahre im WÜD und dem WÜK niedergelegt.
- Ob sich eine Diplomatin oder ein Diplomat IN DEUTSCHLAND auf Immunität berufen kann, lässt sich nicht allein am (Diplomaten-)Pass erkennen. Denn für die Immunität kommt es darauf an, ob die Diplomatin oder der Diplomat in einem Land, präzise: hier in Deutschland, akkreditiert ist.[14] In der Regel lässt

14 Weiterführend dazu: https://www.auswaertiges-amt.de/de/aussenpolitik/regelbasierte-internationale-ordnung/voelkerrecht-internationales-recht/diplomatische-immunitaet/2302282 (zuletzt abgerufen am 5.5.2023).

sich das am Protokollausweis erkennen. Ein Muster dazu finden Sie auf den Seiten des Auswärtiges Amtes unter:
https://www.auswaertiges-amt.de/de/aamt/protokollausweis/2290756 (zuletzt abgerufen am 16.10.2023)

Vorgehen bei Zweifeln über den Status einer Person, die angibt, in Deutschland akkreditiert zu sein?[15]

1. Feststellung der Personalien

Allgemein zur Feststellung von Personalien ermächtigte Behörden und Beamte sind befugt, Namen und Anschrift von Personen festzustellen, sofern dies sachlich notwendig ist. Beruft sich eine Person auf Vorrechte und Befreiungen, so kann verlangt werden, dass der Nachweis durch Vorlage entsprechender Urkunden, insbesondere durch den genannten Protokollausweis, den Diplomatenpass oder auf andere Weise geführt wird. Es ist jedoch unerlässlich, die betroffene Person mit besonderer Höflichkeit zu behandeln, damit die Maßnahme keine negativen und evtl. politischen Reaktionen hervorruft.

2. Ansprechpartner?

In eiligen Zweifelsfällen kann unmittelbar beim Auswärtigen Amt (unter der Rufnummer 030-5000-3411 bzw. 0228-9917-2633 von 9.00–16.00 Uhr, ansonsten im Lagezentrum unter der Rufnummer 030-5000-2911) über Mitglieder diplomatischer Missionen, über Angehörige der konsularischen Vertretungen und über Bedienstete internationaler Organisationen, und hilfsweise auch bei den Staats-/Senatskanzleien der Länder über Angehörige der konsularischen Vertretungen Auskunft eingeholt werden. Anhaltspunkte, die für oder gegen die Zugehörigkeit der Person zu einer in der Bundesrepublik Deutschland errichteten diplomatischen oder konsularischen Vertretung oder einer zwischenstaatli-

---

15 Entnommen aus dem RdSchr. v. 15.9.2015 – 503-90-507.00; Zur Behandlung von Diplomaten und anderen bevorrechtigten Personen in der Bundesrepublik Deutschland, abrufbar unter https://www.auswaertiges-amt.de/blob/259366/95fb05e9a6a89de129f15d27f92f00aa/rundschreiben-beh-diplomaten-data.pdf (zuletzt abgerufen am 5.5.2023).

chen oder überstaatlichen Organisation sprechen, sind hierbei mitzuteilen.

- **NATO[16]-Truppenangehörige**
  - Hier gilt das NATO-Truppenstatut.
- **Asylsuchender**
  - Drittstaatsangehörige, die ein Schutzgesuch i. S. d. AsylG stellen.

3.2 Grenze(n)

Lernvideo
[Inhalt: Übung zu den EU- und Schengen-Staaten]

SCAN ME

Im zweiten Schritt müssen Sie erkennen, über welche Grenze ein Ausländer einreisen möchte bzw. eingereist ist (siehe dazu auch **Prüfungspunkt 1.2** im Schema). Das bedeutet, die richtige Entscheidung zu treffen, ob es sich um einen Schengen-Binnengrenzübertritt oder Schengen-Außengrenzübertritt handelt – und, ob es sich demzufolge um die Kontrolle des grenzüberschreitenden Verkehrs handelt. Für das Verständnis ist es unabdingbar zu wissen, welche Staaten zum sog. **Schengen-Raum** gehören.

16 = North Atlantic Treaty Organization, militärisch-politische Organisation von europäischen und nordamerikanischen Staaten mit dem Ziel eigener Sicherheit und weltweiter Stabilität.

Im grenzpolizeilichen Aufgabenbereich der BPOL existieren im Grunde zwei denkbare Kontrollsituationen. Entweder handelt es sich um einen Binnengrenz- oder einen Außengrenzübertritt.

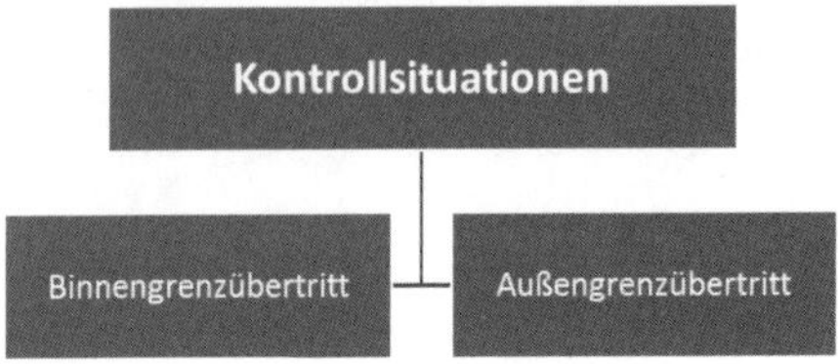

3.2.1 Schengen-Binnengrenzen

Binnengrenzen sind

- die gemeinsamen Landesgrenzen der Mitgliedstaaten Schengen, einschließlich der Fluss- und Binnenseegrenzen,
- die Flughäfen der Mitgliedstaaten für Binnenflüge,
- die See-, Flussschifffahrts- und Binnenseehäfen der Mitgliedstaaten für regelmäßige interne Fährverbindungen.

Diese Definition finden Sie in Art. 2 Nr. 1 SGK.

BEISPIEL:

Grenzübertritt von Frankreich nach Deutschland.

3.2.2 Schengen-Außengrenzen

Außengrenzen sind die Landesgrenzen der Mitgliedstaaten, einschließlich der Fluss- und Binnenseegrenzen, der Seegrenzen und der Flughäfen sowie der Flussschifffahrts-, See- und Binnenseehäfen, soweit sie nicht Binnengrenzen sind.

Diese Definition finden Sie in Art. 2 Nr. 2 SGK.

BEISPIEL:

Grenzübertritt mittels Flugzeuges von Kanada nach Deutschland.

WICHTIG: INLANDSAUFGRIFF

De facto gibt es eine weitere Kontroll-Situation:

Sofern die Person im Inland, z. B. an einem Bahnhof außerhalb des Grenzgebietes festgestellt wird, würde man hier von einem Inlandsaufgriff sprechen. Diese Aufgriffssituation kann auch in anderen bundespolizeilichen Aufgabenbereichen auftauchen, z. B. Objektschutz oder in der verbandspolizeilichen Aufgabenwahrnehmung.

Diese typische Aufgriffssituation ist wohl die Regel für die Kolleginnen und Kollegen der Landespolizei.

3.3 Art des Aufenthalts

Im dritten Schritt müssen Sie erkennen, um welche Art des Aufenthalts es sich handelt. Siehe dazu auch **1.3 des o. g. Prüfungsschemas** (beabsichtigte Dauer und Zweck des Aufenthalts).

3.3.1 Kurzaufenthalt

Ein **Kurzaufenthalt** ist ein Aufenthalt im gemeinsamen Gebiet der Schengen-Staaten von höchstens 90 Tagen je Zeitraum von 180 Tagen gemäß § 1 II AufenthV.

Diese Art des Aufenthalts wird grundsätzlich durch das EU- bzw. Schengen-Recht geregelt.

3.3.2 Langfristiger Aufenthalt

Im Umkehrschluss des kurzfristigen Aufenthalts beginnt ein langfristiger Aufenthalt ab dem 91. Tag. Hier werden grundsätzlich das AufenthG und die AufenthV angewendet.

3.4 Einreise und Aufenthalt

Nach § 13 II AufenthG gibt es aufgrund der Unterscheidung Außengrenze – Binnengrenze zwei Möglichkeiten, um nach Deutschland einzureisen:

An einer zugelassenen Grenzübergangsstelle [§ 13 II 1 AufenthG]	***Außerhalb zugelassener Grenzübergangsstellen [§ 13 II 3 AufenthG]***
• Überschreiten der Grenzlinie **und** • Passieren der Grenzübergangsstelle (i. d. R. bestehend aus einer grenzpolizeilichen sowie zollrechtlichen Kontrolle)	• Überschreiten der Grenzlinie
Schengen-Außengrenze	**Schengen-Binnengrenze**
BEISPIEL • Der Reisende B erscheint am Flughafen Hamburg zur grenzpolizeilichen Einreisekontrolle des Fluges aus New York (USA) → **Schengen-Außengrenze!** • Nachdem er die Kontrollposition der BPOL und die des Zolls passiert hat, ist er gemäß § 13 II 1 AufenthG vollendet eingereist.	**BEISPIEL** • Der Reisende T überschreitet mit dem Auto die Grenze Frankreich-Deutschland → **Schengen-Binnengrenze!** • Mit dem Überschreiten der Grenzlinie ist er gemäß § 13 II 3 AufenthG vollendet eingereist.

3.4.1 Einreise über eine Außengrenze

Die Einreise über eine Außengrenze i. S. d. § 13 II 1 AufenthG ist vollendet, wenn der Ausländer die Grenze überschritten und die zugelassene Grenzübergangsstelle passiert hat.

Alle Landesgrenzen von Deutschland sind Binnengrenzen, sodass Außengrenzen (nur) an Flug- und Seehäfen zu finden sind. Für die Einreise muss der Ausländer also die fiktive Luft- oder Seegrenze überschreiten **und** sich dann einer grenzpolizeilichen **sowie** zollrechtlichen Kontrolle unterziehen, um die Grenzübergangsstelle passieren zu können. Nach Abschluss dieser Kontrollen ist der Ausländer vollendet eingereist.

3.4.2 Einreise über eine Binnengrenze

Die Einreise über eine Binnengrenze i. S. d. § 13 II 3 AufenthG ist vollendet, wenn der Ausländer die **Grenze überschritten** hat.

An den Landesgrenzen Deutschlands gibt es keine festgelegten Grenzübergangsstellen, sodass ein Überschreiten der tatsächlichen Grenzlinie ausreicht, um vollendet eingereist zu sein.

3.4.3 Aufenthalt

Der Aufenthalt beginnt im direkten Anschluss an die vollendete Einreise und dauert so lange an, bis der Ausländer vollendet ausreist.

> **MERKE:**
>
> Diese Begriffsbestimmungen stellen einen Überblick für Sie dar, sind jedoch nicht abschließend. Im weiteren Verlauf werden Sie auf weitere Begriffe stoßen, die im dazugehörigen Themenbereich definiert und erklärt werden.

4. Systematik des Ausländerrechts

INTRO-Video 04
[Inhalt: Systematik des Ausländerrechts]

SCAN ME

Um ausländerrechtliche Sachverhalte lösen zu können, müssen Sie gewisse Vorüberlegungen treffen.

Gedankliche Vorüberlegung Nr. 1:
Der erste Schritt ist die Bestimmung der **Statusgruppe** des Ausländers. Denn je nachdem, welcher Gruppe die Person angehört, wählen Sie die zugehörigen Rechtsnormen.

Für Unionsbürger, EWR-Bürger, Bürger der Schweiz und Familienangehörige, die Drittstaatsangehörige sind, welche Freizügigkeit ableiten können, gelten die Bestimmungen des FreizügG/EU.

- Unionsbürger
- EWR-Bürger
- Schweizer
- Familienangehörige (Drittstaatsangehörige)

→ Zur Anwendung kommt das nationale (deutsche) **FreizügG/EU**

Für **Drittstaatsangehörige** gelten bei einem geplanten Kurzaufenthalt grundsätzlich vorrangig die EUVisaVO, der SGK, das SDÜ sowie ergänzend das AufenthG und die AufenthV.

Drittstaatsangehörige	→ geplanter Kurzaufenthalt der jeweiligen Person	→ Vorrangig kommen zur Anwendung: • **EUVisaVO, SGK, SDÜ** → Ergänzend die nationalen (deutschen) Regelungen: • **AufenthG/AufenthV**

Gedankliche Vorüberlegung Nr. 2:
Der zweite Schritt ist, dass Sie erkennen müssen, über welche **Grenze** der Ausländer einreisen möchte bzw. eingereist ist.

Bei einer **Schengen-Außengrenze** kommen (für einen Drittstaatsangehörigen) grundsätzlich folgende Rechtsnormen in Betracht:
- Vorrangig: EUVisaVO, SGK, SDÜ
- Ergänzend die nationalen Vorschriften: AufenthG und AufenthV

Bei einer **Schengen-Binnengrenze** kommen für einen Drittstaatsangehörigen in Betracht:
- Vorrangig: SDÜ
- Mittelbar: SGK und EUVisaVO
- Ergänzend die nationalen Vorschriften: AufenthG und AufenthV

Wenn Sie jetzt feststellen, dass ja immer irgendwie die gleichen Rechtsnormen in Betracht kommen, dann können wir nur sagen: „Da haben Sie vollkommen recht." **Entscheidend ist jedoch die Reihenfolge** der anzuwendenden Rechtsnormen. Dazu aber später mehr.

Gedankliche Vorüberlegung Nr. 3:
Der dritte Schritt ist festzustellen, welche Art des Aufenthalts der Ausländer/die Ausländerin plant bzw. welchen Aufenthalt er/sie gerade wahrnimmt.

Bei einem **Kurzaufenthalt** gelten grundsätzlich die Bestimmungen des EU- bzw. Schengen-Rechts und nur ergänzend das AufenthG und die AufenthV.

Bei einem **langfristigen Aufenthalt** gelten grundsätzlich die nationalen ausländerrechtlichen Normen AufenthG und AufenthV. Jedoch haben die EU- bzw. Schengen-Rechtsnormen Einfluss auf die Prüfung.

Wenn Sie diese Vorüberlegungen richtig bewertet haben, wissen Sie in der Regel, welche ausländerrechtlichen Normen auf die Person anzuwenden sind und können beginnen, die jeweiligen Voraussetzungen, die ein Ausländer für die Einreise und den Aufenthalt erfüllen muss, zu prüfen.

5. Nationale Regelungen

Das AufenthG, genauer: „*Gesetz über den Aufenthalt, die Erwerbstätigkeit und die Integration von Ausländern im Bundesgebiet*“, wie es richtigerweise genannt wird, regelt die Einreise und den Aufenthalt von Drittstaatsangehörigen im Bundesgebiet.

Das Aufenthaltsgesetz stellt ein allgemeines Gesetz dar, das stets dann zur Anwendung kommt, wenn nicht Spezialgesetze einschlägig sind oder existieren. Neben dem AsylG, dem Freizügigkeitsgesetz/EU, dem Assoziationsabkommen EWG/Türkei, dem Staatsangehörigkeitsgesetz, Bundesvertriebenengesetz u. a. enthalten auch fachliche Spezialgesetze wie etwa die Sozialgesetzbücher, das Asylbewerberleistungsgesetz und viele andere Gesetze gesonderte Regelungen für Rechtsfragen im Hinblick auf ausländische Personen. Ergänzt wird das AufenthG durch eine Reihe von Verordnungen (beispielhaft sind die Aufenthaltsverordnung, Beschäftigungsverordnung oder Integrationskursverordnung zu nennen).

Während in der Vergangenheit die Gefahrenabwehr Hauptzweck des Ausländerrechts war, sind heute weitere Zwecke zum Ausländerrecht hinzugekommen. So zählt § 1 AufenthG die Steuerung und Begrenzung des Zuzugs sowie die Ermöglichung und Gestaltung der Zuwanderung als gesetzgeberische Ziele auf. Wirtschaftliche und arbeitsmarktpolitische Interessen werden dabei ebenso erwähnt wie humanitäre Verpflichtungen. Die Integration von Ausländern ist als wichtiges Ziel ins Gesetz aufgenommen worden. Diese Vielzahl gesetzgeberischer Ziele, die sich gegenseitig teils ergänzen und teils auszuschließen scheinen, deutet bereits darauf hin, dass es sich bei der Materie des Ausländerrechts heute um eine politisch zentrale und auch schnelllebige Materie handelt.

Für Sie relevant sind jedoch nicht alle Normen des AufenthG. Die wichtigsten werden wir Ihnen nach und nach näherbringen.

Diese sind u. a.:

- **§ 3 AufenthG** (Passpflicht)
- **§ 4 AufenthG** (Aufenthaltstitelpflicht)

- **§§ 6 ff. AufenthG** (Aufenthaltstitel im Sinne des AufenthG)
- **§ 13 AufenthG** (Grenzübertritt)
- **§ 14 AufenthG** (Unerlaubte Einreise)
- **§ 15 AufenthG** (Zurückweisung)
- **§ 50 AufenthG** (Ausreisepflicht)
- **§ 57 AufenthG** (Zurückschiebung)
- **§ 58 AufenthG** (Abschiebung)

Die AufenthV ist die *Durchführungsvorschrift* zum AufenthG. Diese regelt u. a. die Konkretisierung von Passersatzpapieren und wichtige Ausnahmen von der Aufenthaltstitelpflicht.

Die Zuständigkeit der Bundespolizei für das AufenthG und die AufenthV ergibt sich aus § 1 II i. V. m. § 2 BPolG i. V. m. § 71 III AufenthG, denn die Bundespolizei ist u. a. eine Behörde, die zur polizeilichen Kontrolle des grenzüberschreitenden Verkehrs beauftragt wurde.[17]

5.1 Passpflicht

Der erste wichtige Grundsatz im Ausländerrecht ist die **Passpflicht**.

Nach § 3 I AufenthG dürfen Ausländer nur in das Bundesgebiet einreisen und sich darin aufhalten, wenn sie einen anerkannten und gültigen Pass oder Passersatz besitzen.

Jeder Grundsatz hat aber auch **Ausnahmen**.

<u>Lesen Sie § 3 I AufenthG weiter, finden sie folgenden Wortlaut:</u>

1. Sofern sie von der Passpflicht nicht durch Rechtsverordnung befreit sind.
2. Für den Aufenthalt im Bundesgebiet erfüllen sie die Passpflicht auch durch den Besitz eines Ausweisersatzes.
3. Der § 3 II AufenthG lässt eine einzelfallbezogene Befreiung durch Verwaltungsakt zu.

---

17 Beachten Sie hier die ggf. im Jahr 2024 stattfindende Gesetzesänderung des BPolG.

Grundsatz	Grundsatz der Passpflicht für Einreise und Aufenthalt
Ausnahmen	1. Befreiung von der Passpflicht durch Rechtsverordnung
	2. Ausweisersatz
	3. Einzelfallbezogene Befreiung durch Verwaltungsakt

Im Rahmen der Passpflicht müssen Sie sich auch mit den Begriffen

- **anerkannt,**
- **gültig,**
- **besitzen,**
- **Pass und Passersatz** auseinandersetzen.

Um zu verstehen, warum es unabdingbar ist, einen Pass zu besitzen, müssen Sie die Funktionen eines Passes kennen. Diese sind:

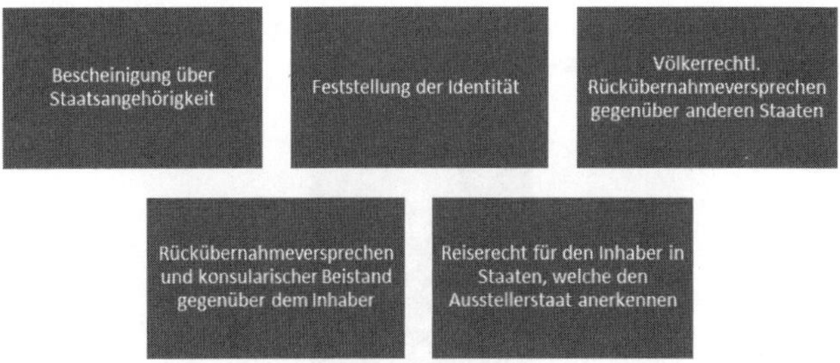

Jeder souveräne, also anerkannte und eigenständige Staat stellt seinen Staatsangehörigen in geeigneter Form ein Dokument aus, um diesen als Staatsangehörigen ausweisen zu können. Sie selbst besitzen i. d. R. einen Bundespersonalausweis, der Sie als deutschen Staatsangehörigen bzw. deutsche Staatsangehörige ausweist. Auf diesem Ausweis befinden sich Ihre Personaldaten, Ihre Anschrift und ein Lichtbild von Ihnen. Dadurch ist es möglich, Sie zweifelsfrei zu identifizieren, also Ihre Identität festzustellen.

Durch das Ausstellen eines Passes verpflichtet sich der ausstellende Staat, den Inhaber des Passes jederzeit wieder in den eigenen Staat einreisen zu lassen. Weiterhin verpflichtet sich der

Staat, seine eigenen Staatsangehörigen wiederaufzunehmen, sollten sie sich in anderen Staaten nicht mehr aufhalten dürfen.

Weiterhin ist zu beachten, dass es unterschiedliche Passarten gibt:

Nationalpässe		**Fremdenpässe**
Reisepass	**Amtliche Pässe**	**Passersatzpapiere** für Ausländer, Flüchtlinge, Staatenlose
	• Diplomatenpass • Dienstpass • Ministerialpass • Spezialpass	Diese Art von Reiseausweis erhalten Personen, die nicht die Staatsangehörigkeit des ausstellenden Staates besitzen, denen aber Aufenthalt gewährt wurde und die nicht oder nicht in zumutbarer Weise in der Lage sind, einen Pass von ihrem Heimatstaat zu erlangen.

Beispiel: e-Spezialpass der Türkei

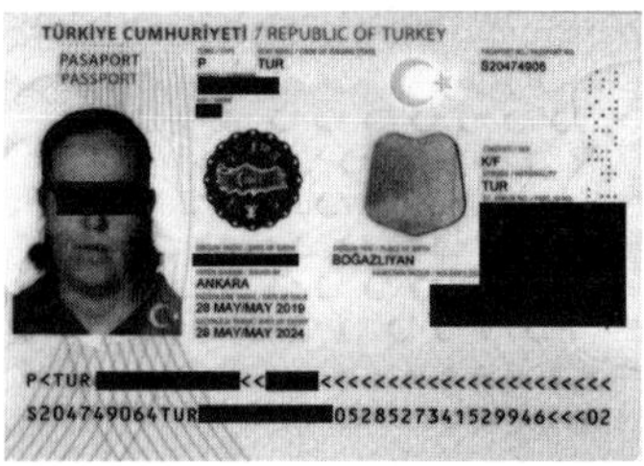

Bild © Bayerisches Landeskriminalamt, Dokumenteninformationssystem
Bild dient nur zur Visualisierung

Jeder Pass muss einen bestimmten Inhalt als **Mindeststandard** haben.

Ein Pass muss folgende Angaben enthalten:

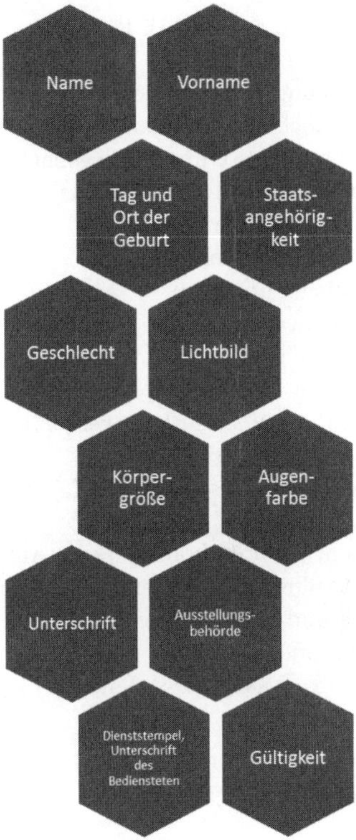

GÜLTIGKEIT DES PASSES?

Der Pass ist bzw. wird ungültig, wenn

- dieser zeitlich abgelaufen ist,
- er nicht den erforderlichen Inhalten entspricht,
- Angaben unleserlich oder unkenntlich sind,

- keine zweifelsfreie Identifizierung des Inhabers möglich ist oder
- Veränderungen und nichtamtliche Eintragungen vorgenommen wurden.

Lesen Sie zur Gültigkeit auch den § 11 PassG.

ANERKENNUNG DES PASSES?

Für die **Anerkennung** von Reisepässen ist gemäß § 71 VI AufenthG das BMI im Benehmen mit dem Auswärtigen Amt zuständig.

In den §§ 3 und 4 AufenthV finden Sie genannte Papiere, die als **Passersatz** zugelassen sind. Hierunter zählen u. a.

- der Reiseausweis für Flüchtlinge,
- der Reiseausweis für Staatenlose,
- Schülersammellisten und
- Flugbesatzungsausweise.

Des Weiteren gibt es einen sogenannten Notreiseausweis für Ausländer, welcher durch die Bundespolizei gemäß den Voraussetzungen des § 13 AufenthV ausgestellt werden kann.

Abgrenzung zur Mitführpflicht:

§ 3 AufenthG regelt die Passbesitzpflicht, jedoch keine Passmitführpflicht.

Die Mitführpflicht ergibt sich aus § 13 I 2 AufenthG. Demnach sind Ausländer verpflichtet, bei der Einreise und der Ausreise einen anerkannten und gültigen Pass oder Passersatz gemäß § 3 I AufenthG mitzuführen.

Im Inland aufhältige Ausländer haben somit keine Passmitführpflicht.

5.2 Aufenthaltstitelpflicht

Der zweite wichtige Grundsatz im Ausländerrecht ist die **Aufenthaltstitelpflicht** (AT-Pflicht). Laut § 4 I AufenthG bedürfen Ausländer für die Einreise und den Aufenthalt im Bundesgebiet eines Aufenthaltstitels, sofern nicht

- durch das Recht der Europäischen Union oder
- durch Rechtsverordnung etwas anderes bestimmt ist oder

- auf Grund des Assoziationsabkommens EWG-Türkei ein Aufenthaltsrecht besteht.

Grundsatz	**AT-Pflicht** für Ausländer für Einreise und Aufenthalt
Ausnahmen	1. Befreiung durch das Recht der EU
	2. Befreiung durch Rechtsverordnung
	3. Befreiung durch Abkommen EWG-Türkei

Von der AT-Pflicht gibt es sehr viele Ausnahmen, auf die wir im weiteren Verlauf noch detailliert eingehen werden. Doch vorher möchten wir Ihnen erklären, welche Aufenthaltstitel es gemäß § 4 I AufenthG gibt und welche Rechte diese entfalten.

Nationale Aufenthaltstitel gemäß § 4 I AufenthG sind:

Visum	▸ Kategorie C (Schengen-Visum) § 6 I Nr. 1 AufenthG ▸ Kategorie D (nationales Visum) § 6 III AufenthG
Aufenthaltserlaubnis	• § 7 AufenthG
Blaue Karte EU	• § 18 II AufenthG
ICT-Karte	• § 19 AufenthG
Mobiler-ICT-Karte	• § 19b AufenthG
Niederlassungserlaubnis	• § 9 AufenthG
Daueraufenthaltserlaubnis-EU	• § 9a AufenthG

Visum / Visaarten / Visakategorien

Insgesamt gibt es drei verschiedene Visumskategorien, die alle auf einem einheitlichen Muster ausgestellt werden. Dieses einheitliche Muster und zwei (der drei) Visumskategorien ergeben sich u. a. aus dem Visakodex. Wie an dem Begriff „einheitliches Muster" zu erkennen ist, stellen alle Schengen-Staaten ein Visum auf diesem Muster aus.

Der **Visakodex** regelt u. a. die Zuständigkeiten der Visumserteilung, die Antragsformalitäten, die Prüfung der Voraussetzungen zur Erteilung eines Visums und enthält auch die Begriffsbestimmungen für die dort genannten Visumskategorien.

Demnach gibt es folgende Kategorien:

Visumskategorie A

= sog. **Flughafentransitvisum** i. S. d. Art. 2 Nr. 2b Visakodex.

Dieses Visum berechtigt den Inhaber **lediglich zur Durchreise** durch die internationalen Flughafentransitzonen eines oder mehrerer Schengen-Mitgliedsstaaten.

WICHTIG:

Dieses Visum berechtigt nicht zur Einreise in das Schengen-Gebiet und auch nicht zum Aufenthalt. Das Visum Typ A ist auch kein Aufenthaltstitel (§ 26 II 3 AufenthV).

Welche Staatsangehörigen benötigen ein Flughafentransitvisum?

Art. 3 I VK i. V. m. Anhang IV zum VK	• Afghanistan • Bangladesch • Demokratische Republik Kongo • Eritrea • Äthiopien • Ghana • Iran • Irak • Nigeria • Pakistan • Somalia • Sri Lanka

Art. 3 II VK i. V. m. § 26 II 1 AufenthV i. V. m. der Anlage C (zur AufenthV)	• Indien • Jordanien mit Ausnahmen • Kuba • Libanon • Mali • Sudan • Südsudan • Syrien • Türkei mit Ausnahmen

Der Flughafentransitbereich ist ein gesondert gesicherter Bereich eines Flughafens. Passagiere können sich dort aufhalten, um (wie oben dargestellt) von einem Drittstaat kommend in einen anderen Drittstaat zu reisen. Dieser Bereich ist in der Regel visumsfrei, da hier nur ein Zwischenhalt zum Weiterreisen oder zum Umsteigen erfolgt.

Mit dieser Art von Visum möchte man seitens des Gesetzgebers verhindern, dass Staatsangehörige oben genannter Länder durch Zwischenhalt im Schengen-Raum diesen Bereich nutzen, um sich die Einreise unerlaubt zu ermöglichen.

Visumskategorie C

= Visum für den **Kurzaufenthalt** i. S. d. Art. 2 Nr. 2a Visakodex.

Die Gründe für die Erteilung eines solchen Visums können unterschiedlicher Natur sein. In den meisten Fällen wird es jedoch für Drittstaatsangehörige ausgestellt, die beabsichtigen, im Schengen-Raum Urlaub zu machen. Auch an vielreisende Geschäftspersonen kann dieses Visum erteilt werden. Der jeweilige Zweck wird dann auch in dem Bemerkungsfeld eingetragen.

Dieses Visum erlaubt in der Regel **nicht die Erwerbstätigkeit**. Nur wenn im Antrag der Grund für die Aufnahme einer Erwerbstätigkeit angegeben und dieses auch überprüft wurde, dürfen Inhaber mit solch einem Visum einer Erwerbstätigkeit nachgehen. Eine Vertiefung zum Thema Erwerbstätigkeit erhalten Sie im weiteren Verlauf dieses Buches.

In der Regel wird dieses Visum für einen (max.) 90-Tageszeitraum in einem 180 Tage-Bezugszeitraum ausgestellt. Die Gültigkeit dieses Visums darf maximal 5 Jahre sein. Auch dieses Visum kann in der Gültigkeit, bei der Anzahl der erlaubten Einreisen sowie der Anzahl an Aufenthaltstagen und auf bestimmte Schengen-Mitgliedsstaaten beschränkt werden.

Visumskategorie D

= **nationales** Visum für den langfristigen Aufenthalt.

- Rechtsgrundlage in Deutschland → § 6 III AufenthG

Dieses Visum berechtigt den Inhaber, in den Schengen-Raum einzureisen und sich im Ausstellerstaat **länger als 90 Tage** aufzuhalten. Weiterhin berechtigt dieses Visum, auch einen Kurzaufenthalt von max. 90 Tagen innerhalb des Bezugszeitraumes von 180 Tagen in allen anderen Schengen-Mitgliedsstaaten wahrzunehmen.

Dieses Visum kann aufgrund verschiedener Antragsgründe erteilt werden.

Zum Beispiel

- zur Familienzusammenführung,
- für Studienzwecke und sonstige Ausbildungszwecke.

In der Regel ist dieses Visum auf ein Jahr befristet, und der Inhaber muss vor Ablauf der Gültigkeit einen erneuten Antrag bei der Ausländerbehörde stellen, um eine Verlängerung dieses Visums zu erlangen oder einen anderen Aufenthaltstitel zu beantragen. Auch kann das D-Visum eine Erwerbstätigkeit gestatten.

Nationale Aufenthaltstitel im Überblick

Aufenthaltserlaubnis

Über die Aufenthaltserlaubnis wird grundsätzlich von der örtlichen Ausländerbehörde entschieden. Die Aufenthaltserlaubnis ist ein befristeter Aufenthaltstitel, der zu bestimmten gesetzlich aufgezählten Zwecken erteilt wird (§ 7 I 1 und 2 AufenthG). Darunter sind folgende Aufenthaltszwecke zu verstehen (siehe auch §§ 16 ff. AufenthG):

1. Studium, Sprachkurs, Schulbesuch
2. Betriebliche Aus- und Weiterbildung
3. Unselbstständige Erwerbstätigkeit
4. Forschung
5. Selbstständige Erwerbstätigkeit
6. Völkerrechtliche, humanitäre oder politische Gründe
7. Familiennachzug.

In begründeten Fällen kann eine Aufenthaltserlaubnis auch für einen von dem Aufenthaltsgesetz nicht vorgesehenen Aufenthaltszweck erteilt werden. Die Aufenthaltserlaubnis ist unter Berücksichtigung des beabsichtigten Aufenthaltszweckes zu befristen. Sie muss sich nicht auf die gesamte Dauer des beabsichtigten Aufenthalts erstrecken, sondern kann unter dem Gesichtspunkt der Überprüfung der Voraussetzungen auch vorzeitig enden.

Die Erteilung und Verlängerung einer Aufenthaltserlaubnis ist von der Erfüllung bestimmter Regelerteilungsvoraussetzungen abhängig, siehe auch § 5 AufenthG; u. a. Sicherung des Lebensunterhalts, gesicherte Identität und kein Ausweisungsinteresse.

Eine Erwerbstätigkeit kann mit diesem Aufenthaltstitel genehmigt werden.

Weiterhin kann der Inhaber einer Aufenthaltserlaubnis einen Kurzaufenthalt im gesamten Schengen-Raum planen und durchführen. Siehe dazu auch Art. 21 I SDÜ.

Muster entnommen aus: Aufenthaltsverordnung (AufenthV), Anlage D14a Dokumente mit elektronischem Speicher- und Verarbeitungsmedium nach § 78 Absatz 1 des Aufenthaltsgesetzes

Niederlassungserlaubnis

Die Niederlassungserlaubnis ist ein **unbefristeter** Aufenthaltstitel (§ 9 I 1 AufenthG). Sie berechtigt grundsätzlich zur Ausübung einer Erwerbstätigkeit.

Muster entnommen aus: Aufenthaltsverordnung (AufenthV), Anlage D14a Dokumente mit elektronischem Speicher- und Verarbeitungsmedium nach § 78 Absatz 1 des Aufenthaltsgesetzes

Eine Niederlassungserlaubnis wird erteilt, wenn der Antragsteller mindestens seit fünf Jahren eine Aufenthaltserlaubnis oder einen ähnlichen Aufenthaltstitel wie die Blaue Karte EU besitzt, sein Lebensunterhalt gesichert ist und noch weitere in § 9 II AufenthG erforderliche Voraussetzungen erfüllt sind.

Weiterhin kann der Inhaber einer Niederlassungserlaubnis einen Kurzaufenthalt im gesamten Schengen-Raum planen (Art. 21 I SDÜ).

Die Blaue Karte EU, die Daueraufenthaltserlaubnis-EU, ICT-Karte und Mobiler-ICT-Karte sind spezielle Aufenthaltstitel, die

u. a. an Spezialkräfte vergeben werden, die für unseren Arbeitsmarkt wichtig sind, um den vorhandenen Fachkräftemangel in Deutschland auszugleichen.

Muster Daueraufenthaltserlaubnis-EU:

Muster entnommen aus: Aufenthaltsverordnung (AufenthV), Anlage D14a Dokumente mit elektronischem Speicher- und Verarbeitungsmedium nach § 78 Absatz 1 des Aufenthaltsgesetzes

Die Erwerbstätigkeit wird durch diese Aufenthaltstitel immer gestattet, und Inhaber dieser Aufenthaltstitel dürfen auch einen Kurzaufenthalt im Schengen-Raum planen und durchführen.

Die **Blaue Karte EU** (§ 18g AufenthG) wird für vier Jahre erteilt und danach in eine Niederlassungserlaubnis umgewandelt. Weiterhin ist der Inhaber berechtigt, nach 18 Monaten in andere Schengen-Mitgliedsstaaten weiterzuwandern, um dort eine Erwerbstätigkeit auszuüben.

Muster **Blaue Karte EU**:

Muster entnommen aus: Aufenthaltsverordnung (AufenthV), Anlage D14a Dokumente mit elektronischem Speicher- und Verarbeitungsmedium nach § 78 Absatz 1 des Aufenthaltsgesetzes

Die Daueraufenthaltserlaubnis-EU (§ 9a AufenthG) ist der höchste Titel, den ein Drittstaatsangehöriger beantragen kann und berechtigt diesen, in allen Schengen-Mitgliedsstaaten einen Daueraufenthalt zu begründen, verbunden mit der Erlaubnis, einer Erwerbstätigkeit nachzugehen.

In der abgebildeten Tabelle finden Sie eine Kurzübersicht zu den oben genannten Aufenthaltstiteln.

Visum	**AE**[18]	**Blaue Karte EU**	**ICT-Karte**	**Mobiler-ICT-Karte**	**NE**[19]	**Daueraufenthaltserlaubnis-EU**
Vor der Einreise	als **Ersttitel** kann verlängert werden	als **Ersttitel** und **Aufstiegstitel** möglich	als **Ersttitel** Verlängerung nicht möglich Unternehmensinterner Transfer	als **Ersttitel** Verlängerung nicht möglich Unternehmensinterner Transfer	als **Ersttitel** und **Aufstiegstitel** möglich	**Aufstiegstitel**
befristet	**befristet**	Erteilung für 4 Jahre danach Umwandlung in NE	Max. 3 Jahre Trainees max. 1 Jahr	Max. 3 Jahre Trainees max. 1 Jahr	**unbefristet**	**unbefristet**
			Erwerbstätigkeit			
C-Visum **nur** mit Erlaubnis D-Visum **kann** kraft Gesetzes oder aufgrund einer Erlaubnis dazu berechtigen	**Kann** zur Ausübung einer selbstständigen Tätigkeit oder Beschäftigung kraft Gesetzes oder durch gesetzliche Erlaubnis berechtigen	**Berechtigt** zur Ausübung einer Erwerbstätigkeit Recht auf **Weiterwanderung**	**Berechtigt** zur Ausübung einer Erwerbstätigkeit	**Berechtigt** zur Ausübung einer Erwerbstätigkeit	**Berechtigt** zur Ausübung einer Erwerbstätigkeit (selbstständige Tätigkeit oder Beschäftigung)	**Berechtigt** zur Ausübung einer Erwerbstätigkeit, Recht auf Weiterwanderung in andere Mitgliedstaaten und Erwerbstätigkeit

18 Aufenthaltserlaubnis

19 Niederlassungserlaubnis

Fiktionsbescheinigung (§ 81 AufenthG)

Unterscheide zwischen:

Fiktionsbescheinigung gemäß § 81 IV AufenthG	**Fiktionsbescheinigung gemäß § 81 III AufenthG**

Die Fiktionsbescheinigung gemäß § 81 IV AufenthG ist eine Bescheinigung, die einem Ausländer ausgestellt wird, wenn dieser die Verlängerung seines Aufenthaltstitels oder die Erteilung eines anderen Aufenthaltstitels beantragt hat. Ausgenommen sind in diesem Zusammenhang Visa nach § 6 I AufenthG.

Die Fiktionsbescheinigung gemäß § 81 III AufenthG ist eine Bescheinigung, die einem Ausländer ausgestellt wird, wenn sich dieser ohne Aufenthaltstitel rechtmäßig in Deutschland aufhält und einen Aufenthaltstitel beantragt. Diese Fiktionsbescheinigung berechtigt nicht zur Einreise nach Deutschland und in andere Schengen-Mitgliedsstaaten.

Muster:

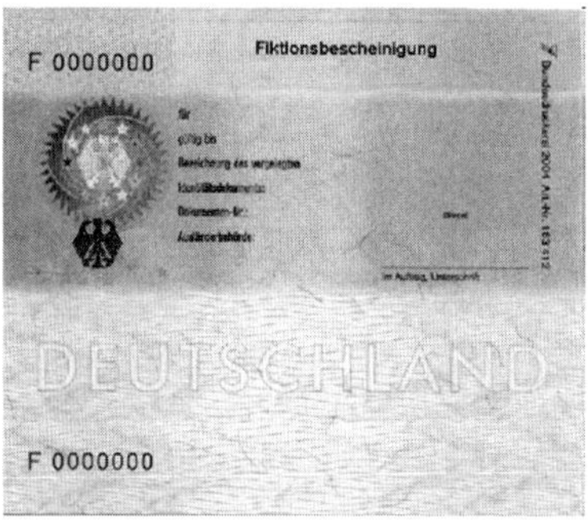

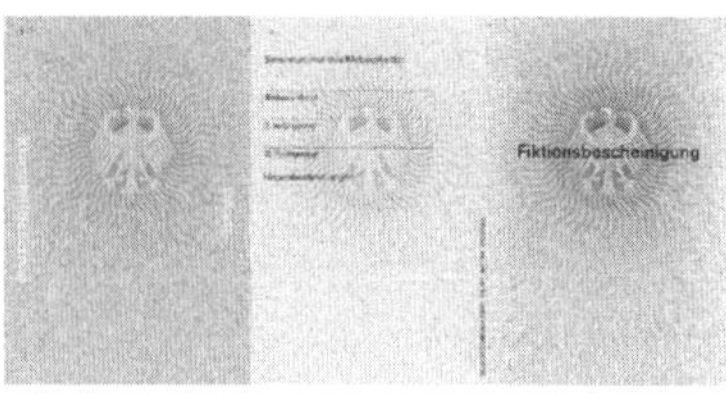

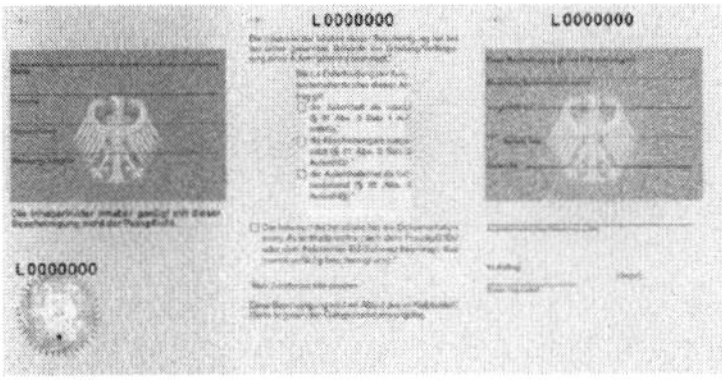

Muster entnommen: Aufenthaltsverordnung (AufenthV), Anlage D3 Fiktionsbescheinigung nach § 81 Abs. 5 Aufenthaltsgesetz

Wird der Antrag nach Ablauf der erlaubnisfreien Aufenthaltstage gestellt, entfaltet der Antrag lediglich eine Aussetzung der Abschiebung.

Neben den oben aufgeführten Aufenthaltstiteln i. S. d. § 4 AufenthG gibt es weitere Bescheinigungen für den Aufenthalt und sogenannte deklaratorische Aufenthaltstitel.

Deklaratorische Aufenthaltstitel

- Aufenthaltskarte für Familienangehörige von Unionsbürgern (§ 5 I 1 FreizügG/EU)
- Bescheinigung des Daueraufenthalts (§ 5 V 1 FreizügG/EU)

Muster entnommen: Aufenthaltsverordnung (AufenthV), Anlage D15 Bescheinigung des Daueraufenthalts (§ 5 Absatz 5 Satz 1 Freizügigkeitsgesetz/EU)

- Aufenthaltserlaubnis für Schweizer und ihre Familienangehörigen (§ 28 AufenthV)
- Bescheinigung über die Aufenthaltsgestattung für Asylbewerber (§ 63 I AsylG)

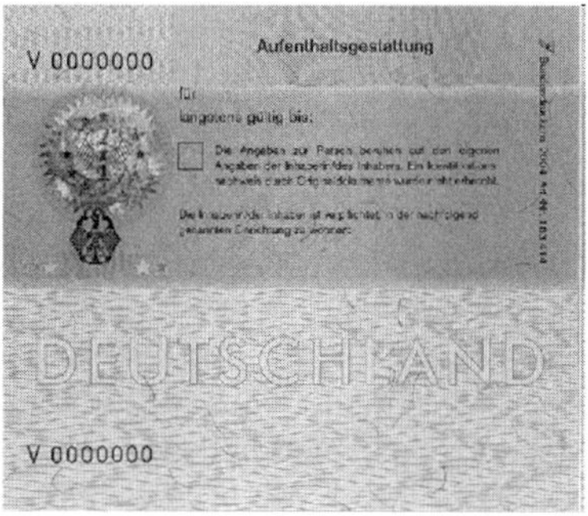

Muster entnommen aus: Aufenthaltsverordnung (AufenthV), Anlage D12 Bescheinigung über die Aufenthaltsgestattung (§ 63 des Asylgesetzes)

- Aufenthaltserlaubnis für assoziationsrechtlich begünstigte türkische Staatsangehörige gemäß § 4 II AufenthG

Bescheinigungen

Die Duldung gemäß § 60a AufenthG ist kein AT, sondern eine Bescheinigung über die Aussetzung der Abschiebung. Das heißt, dass die Vollstreckung der Ausreisepflicht zeitweilig ausgesetzt wird und der Aufenthalt des/der Duldungsinhaber/-in weiterhin in Deutschland hingenommen wird, auch wenn die Ausreisepflicht noch immer fortbesteht.

Der Ausländer hält sich rechtlich unerlaubt in Deutschland auf, kann jedoch aufgrund von sogenannten Abschiebehindernissen nicht in seinen Heimatstaat überführt werden (siehe auch § 60 AufenthG – Verbot der Abschiebung).

Sie ist zu erteilen, solange die Abschiebung aus tatsächlichen oder rechtlichen Gründen unmöglich ist und keine Aufenthaltserlaubnis erteilt wird. Ein rechtlicher Grund für eine Aussetzung der Abschiebung kann beispielsweise eine vorübergehende Reiseunfähigkeit oder das Fehlen von erforderlichen Papieren oder Pässen sein. Einer ausländischen Person kann eine Duldung erteilt werden, wenn dringende humanitäre oder persönliche Gründe oder erhebliche öffentliche Interessen seine/ihre vorübergehende weitere Anwesenheit im Bundesgebiet erfordern.

Exkurs: Unterscheidung zwischen Aufenthaltsgestattung und Duldung

- **Duldung und Aufenthaltsgestattung (Muster zur Visualisierung)**

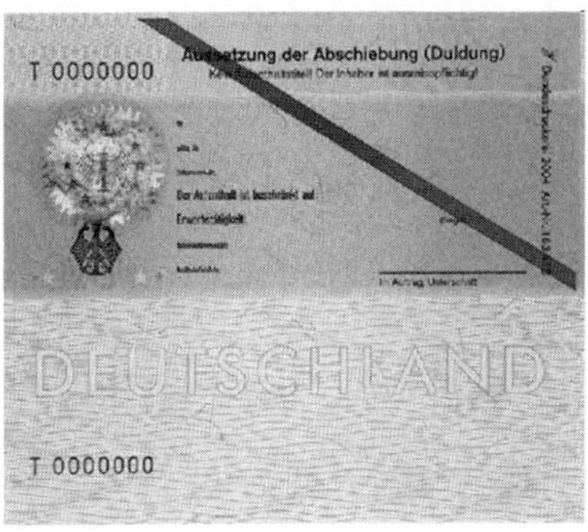

Bild entnommen aus: Aufenthaltsverordnung (AufenthV), Anlage D2a, Bescheinigung über die Aussetzung der Abschiebung (Duldung) nach § 60a Abs. 4 Aufenthaltsgesetz

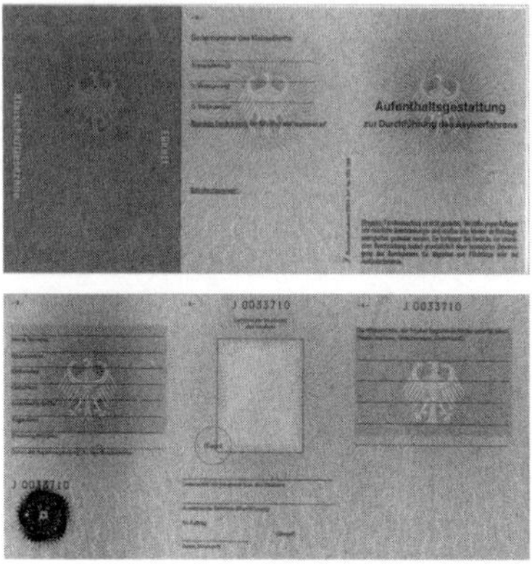

Bild © Bayerisches Landeskriminalamt, Dokumenteninformationssystem

Tabellarische Unterscheidung zwischen Aufenthaltsgestattung und Duldung

Aufenthaltsgestattung	Duldung
§ 55 I AsylG: (1) Einem Ausländer, der um Asyl nachsucht, ist zur Durchführung des Asylverfahrens der Aufenthalt im Bundesgebiet ab Ausstellung des Ankunftsnachweises gemäß § 63a Absatz 1 gestattet (**Aufenthaltsgestattung**). […]	**§ 60a AufenthG** = vorübergehende Aussetzung der Abschiebung (z. B. Pass kann nicht beschafft werden; gesundheitliche Gründe) *Interessant: Nach § 25 V 2 AufenthG Soll-Anspruch auf AE nach 18 Monaten Duldung*

§ 56 I AsylG: (1) Die Aufenthaltsgestattung ist **räumlich** auf den Bezirk der Ausländerbehörde **beschränkt**, in dem die für die Aufnahme des Ausländers zuständige Aufnahmeeinrichtung liegt. […] **§ 59a I AsylG:** Räuml. Beschränkung erlischt, wenn sich der Ausländer seit drei Monaten ununterbrochen erlaubt, geduldet oder gestattet im Bundesgebiet aufhält. **§ 59b AsylG:** Besondere Anordnung der räuml. Beschränkung unabhängig von § 59a Abs. 1 z. B., wenn von dem Ausländer eine erhebliche Gefahr für die innere Sicherheit oder für Leib und Leben Dritter ausgeht.	**§ 61 I AufenthG** = Aufenthalt eines vollziehbar ausreisepflichtigen Ausländers ist grundsätzlich räumlich auf das Land beschränkt **§ 61 I a AufenthG** = auch Beschränkung auf Landkreis möglich **§ 61 I b AufenthG** = räuml. Beschränkung erlischt, wenn sich der Ausländer seit drei Monaten ununterbrochen erlaubt, geduldet oder gestattet im Bundesgebiet aufhält.
Verstoß?	
Erstverstoß: Ordnungswidrigkeit (§ 86 AsylG) (bis zu 2.500 Euro)	**Erstverstoß:** Ordnungswidrigkeit (§ 98 III Nr. 5a AufenthG) (bis zu 1.000 Euro)
Wiederholt: Straftat (§ 85 I Nr. 2 AsylG) (bis zu einem Jahr oder Geldstrafe)	**Wiederholt:** Straftat (§ 95 I Nr. 7 AufenthG) (bis zu einem Jahr oder Geldstrafe)

Die Grenzübertrittsbescheinigung (GÜB) ist ein Nachweis der freiwilligen Erfüllung der Ausreisepflicht ohne wörtliche Erwähnung im AufenthG. Eine Grenzübertrittbescheinigung verleiht keinen Status und stellt auch keine Duldungsbescheinigung dar, sondern gibt lediglich Auskunft bis zu welchem Zeitpunkt dem/der Ausländer/-in eine Ausreisefrist eingeräumt wurde.

[Nachfolgende Seite ist entnommen aus: Bayerisches Landeskriminalamt, Dokumenteninformationssystem]

[Briefkopf der ausstellenden Behörde]

GRENZÜBERTRITTSBESCHEINIGUNG

(Kein Ausweis oder Passersatz)

Frau / Herr

____
Vorname, Name

____
Geburtsdatum, -Geburtsort

Lichtbild 35 X 45 mm

____
Staatsangehörigkeit

Sie wurden aufgefordert, Deutschland bzw. das Gebiet der Schengen-Staaten' zu verlassen.

Zur Erfüllung dieser Pflicht wurde eine Frist zur Ausreise bis zum _______________ festgelegt.

Diese Grenzübertrittsbescheinigung dient als Nachweis Ihrer fristgerechten Ausreise. Um den Nachweis zu erbringen, müssen Sie die Bescheinigung in der nachfolgend dargestellten Weise an die oben genannte Behörde zurück übermitteln:

1. Sofern Sie aus Deutschland **unmittelbar in einen Drittstaat** ausreisen, d. h. ohne Durchreise oder Zwischenlandung in einem Schengen-Staat, haben Sie die Bescheinigung bei der grenzpolizeilichen Ausreisekontrolle abzugeben.
2. Sofern Sie **durch einen anderen Schengen-Staat in einen Drittstaat ausreisen,** haben Sie die Bescheinigung persönlich bei einer deutschen Auslandsvertretung (Botschaft oder Generalkonsulat) außerhalb der Schengen-Staaten abzugeben. Eine Übersendung durch Post, Kurier oder Boten genügt nicht. Dies ist insofern erforderlich, da die Ausreisepflicht erst mit dem Verlassen des Gebiets der Schengenstaaten erfüllt ist. Durch die Abgabe der Bescheinigung bei den Grenzbehörden eines anderen Schengen-Staates kann die Ausreise aus Deutschland nicht nachgewiesen werden. Dies gilt auch, wenn Sie auf dem Luftweg ausreisen und in einem anderen Schengen-Staat das Flugzeug wechseln (umsteigen) müssen.
3. Sofern Sie ein **Aufenthaltsrecht in einem anderen Schengen-Staat** besitzen, haben Sie die Bescheinigung persönlich bei der dortigen deutschen Auslandsvertretung (Botschaft oder Generalkonsulat) abzugeben. Eine Übersendung durch Post, Kurier oder Boten genügt nicht. Dies ist insofern erforderlich, da Sie beim Verlassen Deutschlands über die Binnengrenze keiner Ausreisekontrolle unterzogen werden.

Sofern Sie nicht fristgerecht ausreisen oder die Ausreise nicht wie vorgeschrieben nachweisen, kann ein Einreise- und der Aufenthaltsverbot angeordnet werden. In diesem Fall werden Sie im Fahndungssystem zur Einreiseverweigerung und zur Festnahme ausgeschrieben.

Bitte beachten Sie, dass Sie bei der Durchreise durch einen anderen Schengen-Staat für die Erfüllung der dortigen Einreisevoraussetzungen selbst verantwortlich sind. Weder die Verpflichtung zur Ausreise noch diese Grenzübertrittsbescheinigung vermitteln Ihnen ein Recht zur Durchreise durch einen anderen Schengen-Staat.

MERKE:

Die GÜB ist weder Aufenthaltstitel noch Duldung.

Vor der Anordnung einer Abschiebung ist zu prüfen, ob der Ausländer seiner Ausreisepflicht glaubhaft freiwillig nachkommen will. In diesem Fall ist ihm eine Ausreisefrist von mindestens sieben und maximal 30 Tagen zu setzen (siehe auch § 59 I AufenthG) und eine GÜB auszuhändigen.

Diese gibt er bei der Ausreise bei der deutschen Grenzbehörde ab. Erfolgt die Ausreise über die Außengrenze eines anderen Schengen-Staates, ist die GÜB bei einer deutschen Auslandsvertretung außerhalb der Schengen-Staaten abzugeben. Wird die Erfüllung der Ausreisepflicht nicht innerhalb einer angemessenen Frist (i. d. R. ein Monat nach Fristablauf) nachgewiesen, ist der Vorgang zuständigkeitshalber an die Ausländerbehörde abzugeben.

5.3 Ausnahmen von der Aufenthaltstitelpflicht

Nun haben Sie einen Überblick über die Aufenthaltstitel nach § 4 AufenthG bekommen. Im weiteren Verlauf möchten wir Ihnen einen Überblick über die gängigsten Ausnahmen von der Aufenthaltstitelpflicht geben. Wie bei der Aufenthaltstitelpflicht bereits aufgezeigt, ist der Gesetzeswortlaut gemäß § 4 I AufenthG folgender (Unterstreichung durch die Verfasser):

> Ausländer bedürfen für die Einreise und den Aufenthalt im Bundesgebiet eines Aufenthaltstitels, sofern nicht durch Recht der Europäischen Union oder durch Rechtsverordnung etwas anderes bestimmt ist oder auf Grund des Assoziationsabkommens EWG-Türkei ein Aufenthaltsrecht besteht.

Wie Sie erkennen können, gibt es demnach drei Bereiche, die Ausnahmen von der Aufenthaltstitelpflicht enthalten.

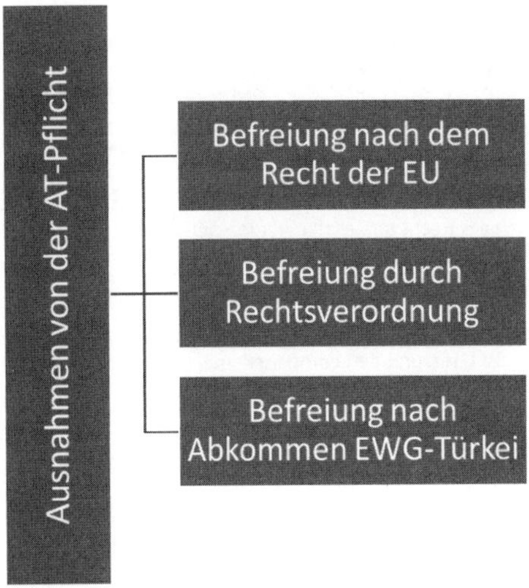

5.3.1 Befreiungen nach dem Recht der EU

Das Recht der europäischen Union bzw. das Schengen-Recht regelt, wie bereits schon angesprochen, jeden Aufenthalt, welcher Kurzaufenthalt ist.

Die europäische Vorschrift, welche Ausnahmen von der Aufenthaltstitelpflicht zulässt und unserem nationalen Recht übergeordnet ist, ist die **EUVisaVO**. Diese Verordnung regelt, ob ein Drittstaatsangehöriger, der einen Kurzaufenthalt im Gebiet der Schengen-Staaten begehrt, bei der Einreise über eine Schengen-Außengrenze der Visumspflicht unterliegt oder von der Visumspflicht befreit ist.

Exkurs: Was sind Verordnungen der EU?

Eine Verordnung ist ein verbindlicher Rechtsakt, den alle EU-Länder in vollem Umfang umsetzen müssen. Diese sind vergleichbar mit Gesetzen auf nationaler Ebene. Verordnungen sind in Artikel 288 des Vertrags über die Arbeitsweise der Europäischen Union (AEUV) definierte Rechtsakte. Sie haben allgemeine Geltung, sind in allen ihren Teilen verbindlich und gelten unmittelbar in jedem Mitgliedstaat der EU. Zu beachten ist jedoch, dass manche Verordnungen nicht für alle Mitgliedstaaten gelten und dass es Ausnahmen, sogenannte Nichtbeteiligungsklauseln, für bestimmte Mitgliedstaaten gibt. Beispiele hierfür sind:

- Dänemark: u. a. bestimmte Bereiche des Raums der Freiheit, der Sicherheit und des Rechts, und die Währungsunion;
- Irland: u. a. Raum der Freiheit, der Sicherheit und des Rechts und
- Polen: u. a. Teile der Charta der Grundrechte der Europäischen Union.

Eine Verordnung ist von ihren Adressaten in vollem Umfang zu befolgen und sie gilt unmittelbar in den Mitgliedstaaten. Dies bedeutet,

- dass sie sofort nach ihrem Inkrafttreten in allen Mitgliedstaaten gilt, ohne dass sie in nationales Recht umgesetzt werden muss;
- dass sie Rechte und Pflichten auf Einzelpersonen übertragen kann, die sich in der Folge vor nationalen Gerichten unmittelbar auf die Verordnung berufen können;
- dass sich Einzelpersonen in ihren Beziehungen zu anderen Einzelpersonen, den EU-Mitgliedstaaten und den europäischen Behörden auf sie berufen können.

Um diese o. g. Drittstaaten zu finden, müssen Sie einen Blick in Anhang I und Anhang II der EUVisaVO werfen. Bitte jetzt aufschlagen und nachlesen.

An sich gibt es eine einfache Merkregel (s. auch untenstehende Grafik):

<u>Negativstaater</u>
= Drittstaatsangehörige, die die Staatsangehörigkeit von einem in Anhang I EUVisaVO aufgelisteten Staat besitzen, benötigen bei der Einreise gemäß Art. 3 I EUVisaVO ein Visum.

<u>Positivstaater</u>
= Drittstaatsangehörige, die die Staatsangehörigkeit von einem in Anhang II EUVisaVO aufgelisteten Staat besitzen, sind gemäß Art. 4 I EUVisaVO bei der Einreise von der Visumspflicht befreit.

<u>Aktuell:</u>
Einigung der EU – Visafreiheit für Kosovaren ab 2024 (https://www.tagesschau.de/ausland/europa/eu-einigt-sich-auf-visa-freiheit-fuer-buerger-des-kosovo-101.html, zuletzt abgerufen am 12.12.2023)

Jedoch enthält Art. 4 II EUVisaVO drei weitere Ausnahmen von der Visumspflicht.

a) **KLEINER GRENZVERKEHR (Art. 4 II a EUVisaVO)**
Hier geht es um Negativstaater, die eine Grenzübertrittsgenehmigung zum Zwecke des kleinen Grenzverkehrs haben. Diese Befreiung ist jedoch in Deutschland irrelevant, da die Bundesrepublik keine Landesgrenze besitzt, die eine Schengen-Außengrenze ist.

b) **SCHÜLERSAMMELLISTEN (Art. 4 II b EUVisaVO)**
Hier geht es um Negativstaater, welche noch Schüler sind, die ihren Wohnsitz in einem Mitgliedsstaat haben und sich auf einer Schulreise befinden. Diese Negativstaater müssen auf einer Schülersammelliste aufgeführt sein und diese Schulgruppe muss von einer Lehrkraft begleitet werden.

c) **PERSONEN MIT FLÜCHTLINGSSTATUS, STAATENLOSE UND ANDERE PERSONEN (Art. 4 II c EUVisaVO)**
Hier geht es um Personen mit Flüchtlingsstatus, Staatenlose sowie andere Personen, die nicht die Staatsangehörigkeit eines Landes besitzen, mit Wohnsitz in einem Mitgliedsstaat, die Inhaber eines von diesen Mitgliedsstaaten ausgestellten Reisedokuments sind. Also um Personen, die einen Reiseausweis für Ausländer, Flüchtlinge oder Staatenlose besitzen, welcher durch die Mitgliedsstaaten ausgestellt wurde.

BEISPIEL:

Inhaber eines Latvijas Republikas nepilsona pase (Fremdenpass mit Daueraufenthaltsrecht[20], ausgestellt von Lettland).

Bild © Bayerisches Landeskriminalamt, Dokumenteninformationssystem

20 Dieser Pass wird Personen ausgestellt, die nicht die lettische Staatsbürgerschaft besitzen. Nach lettischem Recht berechtigt er zum Aufenthalt in Lettland und zur Wiedereinreise in das Land. Nicht-Staatsangehörige haben denselben Status wie Inhaber eines unbefristeten Aufenthaltstitels für Lettland. Der Inhaber eines Fremdenpasses benötigt keinen Aufenthaltstitel für den Aufenthalt in Lettland und für die Wiedereinreise in das Land.

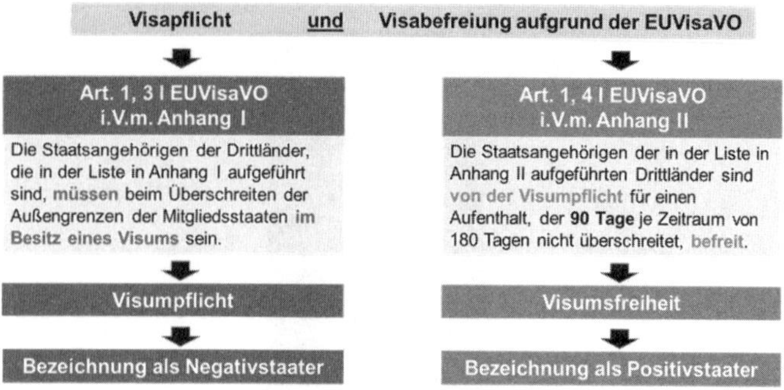

Weitere Ausnahmemöglichkeiten enthält **Art. 6 EUVisaVO**:

(1) Die Mitgliedstaaten können bei folgenden Personengruppen Ausnahmen von der Visumpflicht nach Artikel 3 oder von der Befreiung von der Visumpflicht nach Artikel 4 vorsehen:

a) Inhaber von Diplomatenpässen, Dienst-/Amtspässen oder Sonderpässen;

b) ziviles Flug- und Schiffspersonal in Ausübung seiner Aufgaben;

c) ziviles Schiffspersonal bei Landgängen, wenn es im Besitz eines Personalausweises für Seeleute ist, der gemäß den Übereinkommen der Internationalen Arbeitsorganisation Nr. 108 vom 13. Mai 1958 oder Nr. 185 vom 19. Juni 2003 oder dem Übereinkommen der Internationalen Seeschifffahrtsorganisation zur Erleichterung des internationalen Seeverkehrs vom 9. April 1965 ausgestellt worden ist;

d) Personal und Mitglieder von Hilfs- oder Rettungsmissionen bei Katastrophen- oder Unglücksfällen;

e) ziviles Personal von Schiffen, die internationale Binnenwasserstraßen befahren;

f) Inhaber von Reisedokumenten, die zwischenstaatliche internationale Organisationen, denen mindestens ein Mitgliedstaat angehört, oder sonstige Rechtspersonen, die von dem betroffenen Mitgliedstaat als Völkerrechtssubjekte anerkannt werden, den Amtsträgern dieser Organisationen oder Rechtspersonen ausstellen.

(2) Die Mitgliedstaaten können folgende Personen von der Visumpflicht nach Artikel 3 befreien:
  a) Schüler, die Staatsangehörige eines in der Liste in Anhang I aufgeführten Drittlands sind, ihren Wohnsitz in einem in Anhang II aufgeführten Drittland oder in der Schweiz oder Liechtenstein haben und als Mitglied einer Schülergruppe in Begleitung einer Lehrkraft der betreffenden Einrichtung an einer Schulreise teilnehmen;
  b) Personen mit Flüchtlingsstatus und Staatenlose, wenn das Drittland, in dem sie ihren Wohnsitz haben und das ihnen ihr Reisedokument ausgestellt hat, in Anhang II aufgeführt ist;
  c) Angehörige von Streitkräften für Reisen im Rahmen der NATO oder der Partnerschaft für den Frieden und Inhaber von Ausweispapieren und Einsatzbefehlen, die im Abkommen der Parteien des Nordatlantikvertrags über die Rechtsstellung ihrer Streitkräfte vom 19. Juni 1951 vorgesehen sind;
  d) unbeschadet der Verpflichtungen aus dem am 20. April 1959 in Straßburg unterzeichneten Europäischen Übereinkommen des Europarats über die Aufhebung des Sichtvermerkzwangs für Flüchtlinge, Personen mit Flüchtlingsstatus und Staatenlose sowie andere Personen ohne die Staatsangehörigkeit eines Landes mit Aufenthalt im Vereinigten Königreich oder in Irland, die Inhaber eines vom Vereinigten Königreich oder von Irland ausgestellten Reisedokuments sind, das von dem betroffenen Mitgliedstaat anerkannt wird.

(3) Die Mitgliedstaaten können für Personen, die während ihres Aufenthalts einer Erwerbstätigkeit nachgehen, Ausnahmen von der Befreiung von der Visumpflicht nach Artikel 4 vorsehen.

Lesen Sie sich den Absatz 1 Satz 1 bitte noch einmal durch!

Aus dem Satz 1 ergibt sich: Entgegen der Ausnahmen in Art. 4 EUVisaVO, die schengenweit gültig sind, gelten die oben genannten Ausnahmen nur in den einzelnen Mitgliedstaaten, die auch von dieser Möglichkeit Gebrauch gemacht und dies auch in einer Rechtsvorschrift festgehalten haben.

FOLGENDE BEISPIELE MIT BEZUG ZUM DEUTSCHEN AUSLÄNDERRECHT

Art. 6 I a EUVisaVO:

Inhaber von Diplomatenpässen, Dienst-/Amtspässen oder Sonderpässen

→ **REGELUNG FÜR DEUTSCHLAND:** § 19 AufenthV i. V. m. der Anlage B zur AufenthV

→ **BEISPIEL:** Diplomatenpass Ghana

Art. 6 I b EUVisaVO:

Ziviles Flug- und Schiffspersonal

→ **REGELUNG FÜR DEUTSCHLAND**: §§ 23, 24 AufenthV

Art. 6 I d EUVisaVO:

Flug- und Begleitpersonal bei Rettungsflügen

→ **REGELUNG FÜR DEUTSCHLAND**: § 29 AufenthV

Art. 6 I f EUVisaVO:

Angehörige internationaler Organisationen, die von dieser Organisation einen Passierschein erhalten haben

→ **REGELUNG FÜR DEUTSCHLAND**: § 20 AufenthV

→ **BEISPIEL:** Vereinte Nationen

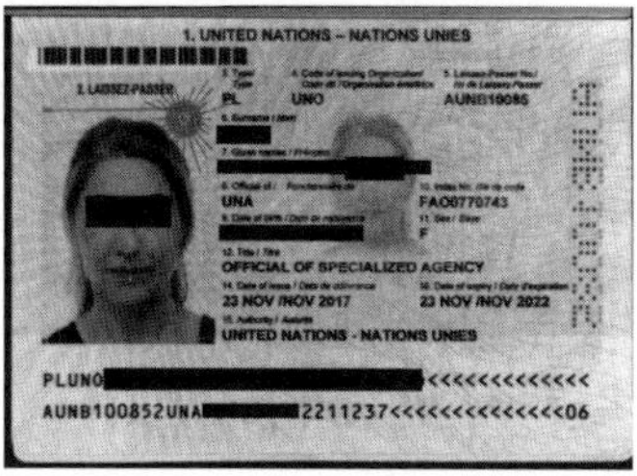

Bild © Bayerisches Landeskriminalamt, Dokumenteninformationssystem

Im nächsten Abschnitt werden die wichtigsten nationalen Vorschriften erläutert.

5.3.2 Befreiungen nach der AufenthV

Demnach müsste jetzt folgende Fragstellung erfolgen:

Hat die Bundesrepublik Deutschland durch eine Rechtsverordnung Gebrauch von diesen Möglichkeiten (Art. 6 EUVisaVO) gemacht?

Diese Rechtsverordnung haben Sie bereits bei der Passpflicht kennengelernt – es handelt sich um die AufenthV.

Im Grunde lässt sich sagen, dass diese Verordnung fast alle Befreiungen enthält, die in Deutschland Wirkung entfalten. Mit dieser Verordnung ist auch die Rechtsverordnung in § 4 I AufenthG gemeint. Demnach befinden wir uns jetzt in der zweiten Vorschrift, die Ausnahmen von der Aufenthaltstitelpflicht enthält.

Der Abschnitt 2 der AufenthV enthält demnach Befreiungen vom Erfordernis eines Aufenthaltstitels.

Der § 15 AufenthV ist die sogenannte Öffnungsklausel zu Art. 6 EUVisaVO. Dieser weist ausdrücklich darauf hin, dass die im weiteren Verlauf aufgeführten Ausnahmen im Einklang mit dem EU- bzw. Schengen-Recht stehen. Hier geht es in erster Linie um Regelungen der Kurzaufenthalte.

Die für Sie wichtigsten Regelungen sind §§ 16, 17, 18, 19 AufenthV für den Kurzaufenthalt und § 41 AufenthV für den langfristigen Aufenthalt.

Befreiung von der AT-Pflicht durch die AufenthV

Relevant für den Kurzaufenthalt	Relevant für langfristigen Aufenthalt
§§ 16 bis 19 AufenthV **§ 16** – Vorrang älterer Sichtvermerks-abkommen **§ 17** – Visapflicht bei Aufnahme einer Erwerbstätigkeit **§ 18** – AT[21]-Befreiung für Inhaber von Reiseausweisen für Flüchtlinge und Staatenlose **§ 19** – AT-Befreiung für Inhaber dienstlicher Pässe	**§ 41 AufenthV**

§ 16 AufenthV – Vorrang älterer Sichtvermerksabkommen

Der Begriff Sichtvermerk steht gleich mit Visum für den kurzfristigen als auch für den langfristigen Aufenthalt in Deutschland.

§ 16 AufenthV beinhaltet den Satz:

> Inhaber der in der Anlage A zu dieser Verordnung genannten Dokumente sind für die Einreise und den Aufenthalt im Bundesgebiet, auch bei Überschreitung der zeitlichen Grenze eines Kurzaufenthalts, vom Erfordernis eines Aufenthaltstitels befreit, soweit…

Wichtig ist hier zu verstehen, dass es um den Kurzaufenthalt gemäß § 1 II AufenthV geht. Also das Überschreiten eines Kurzaufenthalts, 90 Tage innerhalb von 180 Tagen, im Schengen-Gebiet.

Die Dauer des sichtvermerksfreien Aufenthalts richtet sich dann nach dem vor Inkrafttreten der EUVisaVO geschlossenen Sichtvermerksabkommen mit den jeweiligen Staaten. Hierunter fallen u. a.

- Japan,
- Korea,
- Panama
- und Brasilien.

21 = Aufenthaltstitel.

Einige in der Anlage A zu dieser Verordnung genannte Staaten finden Sie **auch in § 41 AufenthV**. In diesem Zusammenhang ist zu erwähnen, dass der § 41 AufenthV die visumsfreie Einreise und den Aufenthalt im Bundesgebiet Deutschland bei einem geplanten langfristigen Aufenthalt regelt. Daraus ergibt sich im Umkehrschluss, dass **§ 16 AufenthV** die Einreise und den Aufenthalt nach Deutschland für einen geplanten Kurzaufenthalt regelt, wobei eine Überschreitung der zeitlichen Grenze eines Kurzaufenthalts nach § 1 II AufenthV stattfinden darf.

Demnach können sich also Personen, die Inhaber der in Anlage A dieser Verordnung genannten Dokumente sind, max. 90 Tage im Schengen-Raum aufhalten und weitere max. 90 Tage visumsfrei in Deutschland.

MERKSÄTZE zu § 16 AufenthV:

- **Voraufenthaltszeiten in Deutschland und in anderen Schengen-Staaten werden auf die Aufenthaltsdauer nicht angerechnet**
- **Das bedeutet = mit jeder Einreise über die Bundesgrenze dürfen sich diese Personen 90 Tage visafrei gemäß Sichtvermerksabkommen in Deutschland aufhalten**
- **In den anderen Schengen-Staaten wird der Aufenthalt in Deutschland jedoch angerechnet**

§ 17 AufenthV – Nichtbestehen der Befreiung bei Erwerbstätigkeit während eines Kurzaufenthalts

Der Begriff „Nichtbestehen der Befreiung“ bezieht sich hier auf das Nichtbestehen der Visumsbefreiung bei geplanter Aufnahme einer Erwerbstätigkeit während eines Kurzaufenthalts.

Auch dies ist eine Möglichkeit gemäß Art. 6 EUVisaVO, genauer Art. 6 III EUVisaVO, von der Deutschland als EU- bzw. Schengen-Mitgliedsstaat Gebrauch gemacht hat. Vornehmlich geht es hier um die Drittstaatsangehörigen, die für den Kurzaufenthalt von der Visumspflicht gemäß Art. 4 I i. V. m. Anhang II EUVisaVO befreit sind (sog. **POSITIVSTAATER**).

BEISPIEL:

Der mexikanische Staatsangehörige M möchte in Deutschland bei einer Maschinenbaufirma arbeiten.

Zusätzlich enthält § 17 I AufenthV zwei weitere genannte Personenkreise. Dies betrifft zum einen Inhaber eines Aufenthaltstitels von einem anderen Schengen-Staat. Zum anderen Inhaber eines nationalen Visums für den langfristigen Aufenthalt, ebenfalls ausgestellt durch einen anderen Schengen-Staat.

Drittstaatsangehörige, die Inhaber oben genannter Dokumente sind, dürfen sich grundsätzlich in allen Schengen-Mitgliedsstaaten visumsfrei für max. 90 Tage innerhalb von 180 Tagen aufhalten (siehe dazu auch Art. 21 SDÜ). Planen diese Personen während ihres Kurzaufenthalts eine **Erwerbstätigkeit** in Deutschland, benötigen sie ebenfalls ein Visum von Deutschland, in dem die Erwerbstätigkeit ausdrücklich gestattet wird.

BEISPIEL:

Der chinesische Spezialitätenkoch, der Inhaber einer schengenweit gültigen Aufenthaltserlaubnis von Italien ist, plant jetzt, für 90 Tage in Deutschland als Koch zu arbeiten.

Unter den Begriff Erwerbstätigkeit i. S. d. AufenthG fallen gemäß § 2 II AufenthG selbstständige Tätigkeiten, Beschäftigungen i. S. d. § 7 des Vierten Buches Sozialgesetzbuch und die Tätigkeit als Beamter.

Zusammengefasst:

Erwerbstätigkeit liegt immer dann vor, wenn eine Tätigkeit ausgeübt wird, die nach deutschem Recht steuer- und sozialabgabepflichtig wird.

Hier haben Sie jetzt auch wieder einen Grundsatz, der wie folgt lautet:

Möchte ein Drittstaatsangehöriger während seines eigentlich visumsbefreiten Kurzaufenthalts eine Erwerbstätigkeit ausüben, bedarf er eines Visums, welches ihm ausdrücklich die Erwerbstätigkeit erlaubt.

Und wenn Sie einen Grundsatz haben, dann gibt es natürlich wieder Ausnahmen. Auf diese möchten wir aber in einem eigenen Kapitel eingehen.

§ 18 AufenthV – Befreiung für Inhaber von Reiseausweisen für Flüchtlinge und Staatenlose

Bei § 18 AufenthV geht es um Drittstaatsangehörige, die Staatsangehörige eines Staates sind, welcher in Anhang I der EUVisaVO genannt ist (sog. **Negativstaat**) und somit für diese Drittstaatsangehörigen eine Visumspflicht besteht.

Jedoch verfügen diese Personen über einen Reiseausweis für Flüchtlinge oder Staatenlose (Passersatzpapier i. S. d. § 3 AufenthV). Diese Dokumente sind durch einen sog. **Positivstaat** ausgestellt worden, welcher im Anhang II der EUVisaVO gelistet ist.

Auch diese Befreiung von der Visumspflicht für den geplanten Kurzaufenthalt entspricht einer Möglichkeit gemäß Art. 6 EUVisaVO, hier Art. 6 II b EUVisaVO, von welcher Deutschland Gebrauch gemacht hat.

> **BEISPIEL – TRAVEL DOCUMENT, ausgestellt durch Kanada:**
>
> Es handelt sich hierbei um einen Reiseausweis für Flüchtlinge nach der Genfer Flüchtlingskonvention vom 28. Juli 1951. Die Person selber könnte zum Beispiel eritreischer Staatsangehöriger sein. Dann wäre der Inhaber Staatsangehöriger eines Negativstaates. Das Dokument selbst wurde jedoch durch einen Positivstaat ausgestellt, hier Kanada.

Diese Befreiung ist an weitere Bedingungen gebunden. Sie besteht demnach nur, wenn der Reiseausweis eine Rückkehrberechtigung enthält, die bei der Einreise noch mindestens vier Monate gültig ist und die Person keine Erwerbstätigkeit ausüben möchte.

§ 19 AufenthV – Befreiung für Inhaber dienstlicher Pässe

Deutschland hat mit § 19 AufenthV von der Möglichkeit nach Art. 6 I a EUVisaVO Gebrauch gemacht.

Hier geht es nun um Inhaber dienstlicher Pässe. Hierunter zählen die in **Anlage B zu § 19 AufenthV** genannten Dokumente wie Dienst-, Ministerial-, Diplomaten- und andere Pässe für amtliche Funktionen oder im amtlichen Auftrag Reisende. Weiterhin müssen diese Pässe von einem Staat ausgestellt sein, der in der Anlage B zu § 19 AufenthV genannt ist.

BEISPIELE:

- Inhaber eines Diplomatenpasses von Albanien
- Inhaber von Spezialpässen der Vereinigten Arabischen Emirate
- Inhaber von Dienstpässen von Ecuador

Welche Staatsangehörigkeit der Drittstaatsangehörige hat, ist für die Visumsbefreiung nicht von Bedeutung.

Auch Inhaber von dienstlichen Pässen dürfen während ihres Kurzaufenthalts keine Erwerbstätigkeit ausüben.

§ 41 AufenthV – Vergünstigung für Angehörige bestimmter Staaten

Hier geht es um die Angehörigen der Staaten

- Australien,
- Israel,
- Japan,
- Kanada,
- der Republik Korea,
- Neuseeland,
- den Vereinigten Staaten von Amerika,
- Vereinigtes Königreich Großbritannien und Nordirland[22] (Staaten genannt in § **41 I** AufenthV),
- Andorra,
- Brasilien,
- El Salvador,
- Honduras,
- Monaco
- und San Marino (Staaten genannt in § **41 II** AufenthV).

Für all diese Staatsangehörigen gilt, dass sie **auch visumsfrei** nach Deutschland einreisen dürfen, obwohl sie einen **langfristigen Aufenthalt planen**. Jedoch wird von diesen Staatsangehörigen ge-

22 Zweite Verordnung zur Änderung der Beschäftigungsverordnung und der Aufenthaltsverordnung vom 18. Dezember 2020.

fordert, dass sie sich innerhalb von 90 Tagen nach der Einreise einen erforderlichen Aufenthaltstitel einholen (§ 41 III AufenthV).

Staatsangehörige von Australien, Israel, Japan, Kanada, der Republik Korea, Neuseeland und den Vereinigten Staaten von Amerika (Staaten gemäß § 41 I AufenthV), dürfen **auch dann** visumsfrei einreisen, wenn sie in ihrer Planung eine **Erwerbstätigkeit** aufnehmen wollen. Dies wird dann auf dem einzuholenden Aufenthaltstitel vermerkt. Die Aufnahme der Erwerbstätigkeit darf aber erst erfolgen, wenn diese von der ausstellenden Behörde genehmigt wurde.

Die Staatsangehörigen von Andorra, Brasilien, El Salvador, Honduras, Monaco und San Marino müssen demnach, wenn sie eine **Erwerbstätigkeit** aufnehmen wollen, bereits vor der Einreise einen Aufenthaltstitel beantragen, welcher eine ausdrückliche Genehmigung hierfür enthält.

In der Regel wird diesen Staatsangehörigen ein Visum für den langfristigen Aufenthalt nach § 6 AufenthG erteilt oder eine Aufenthaltserlaubnis nach § 7 AufenthG.

Zusammenfassende Übersicht zu § 41 AufenthV

<table>
<tr><th colspan="2">Geplanter, langfristiger Aufenthalt (mehr als 90 Tage)</th></tr>
<tr><td>§ 41 I – Staat, z. B. Japan</td><td>§ 41 I – Staat, z. B. Brasilien</td></tr>
<tr><td>Ggf. auch mit Absicht einer Erwerbstätigkeit</td><td>ohne Absicht einer Erwerbstätigkeit</td></tr>
<tr><td colspan="2">Bis zu 90 Tage visafrei</td></tr>
<tr><td colspan="2">Ab dem 91. Tag visapflichtig</td></tr>
</table>

Auf das Aufenthaltsrecht nach dem Assoziationsabkommen EWG-Türkei wird hier nicht näher eingegangen.

6. Schengen-Recht

Die rechtlichen Regelungen der europäischen Union und der Schengen-Staaten, die für Sie in der Ausbildung Relevanz haben, sind

- die EUVisaVO,
- der SGK,
- das SDÜ
- und in Teilen der Visakodex.

Die EUVisaVO haben Sie bereits im vorausgehenden Kapitel (Ausnahmen von der AT-Pflicht) kennengelernt und auch den Visakodex im Rahmen der Visakategorien.

Kurz-Übersicht

Schengener Grenzkodex (SGK)	Visakodex (VK)	EU-Visa-Verordnung (EUVisaVO)
Regelt das Überschreiten der Grenzen (Binnen- und Außengrenzen) durch Personen • u. a. einheitliche Einreisevoraussetzungen • Kontrollstandard an den Außengrenzen • Kontrollfreie Binnengrenzen	**Regelt** im Wesentlichen: • Verfahren/Voraussetzungen für die Erteilung von Visa für den Kurzaufenthalt • Erteilung von Flughafentransitvisa • Erteilung von Ausnahmevisa • Annullierung von Visa	**Regelt u. a.** die Visumpflicht bzw. Visumfreiheit für einen Kurzaufenthalt • sog. Negativstaater • sog. Positivstaater

EINZELHEITEN ZU DEN OBEN GENANNTEN RECHTSVORSCHRIFTEN

Schengener Grenzkodex

Der SGK enthält, vereinfacht gesprochen, Regelungen für einen einheitlichen Kontrollstandard an den Schengen-Außengrenzen sowie für Kontrollen an den Schengen-Binnengrenzen. Die Art. 8, 22 und 23 SGK sollten Sie bereits aus der Grundausbildung kennen.

Auch hier, also im SGK, sind nicht alle Artikel in Ihrer Ausbildung relevant.

Art. 2 SGK enthält die wichtigsten Begriffsbestimmungen wie zum Beispiel

- Schengen-Binnengrenze
- Schengen-Außengrenze
- Drittstaatsangehöriger
- Personen, welche Anspruch auf freien Personenverkehr haben

Grundsätzlich dürfen gemäß **Art. 5 SGK** Schengen-Außengrenzen nur an Grenzübergangsstellen und während der festgelegten Verkehrsstunden überschritten werden. Solche Grenzübergangsstellen finden Sie an deutschen Flug- und Seehäfen.

Der nächste Schritt im Rahmen der Einreisekontrolle ist die Festlegung des Kontrollstandards, also in welcher Intensität die zur Einreise vorstelligen Personen zu kontrollieren sind.

Hierbei ist **Art. 8 SGK** und Ihr Wissen bezüglich der Statusgruppen im Ausländerrecht ausschlaggebend.

Denn je nachdem, welcher Statusgruppe die Person unterfällt, ist diese entweder einer **eingehenden** Kontrolle gemäß Art. 8 III SGK oder einer **Mindestkontrolle** gemäß Art. 8 II SGK zu unterziehen.

Art. 8 II SGK	Art. 8 III SGK
= Mindestkontrolle	**= Eingehende Kontrolle**
Zielgruppe (Adressat)	Zielgruppe (Adressat)
• **EU-/EWR-Staatsangehörige, Schweizer und Familienangehörige, die dem Freizügigkeitsberechtigten nachziehen oder ihn begleiten** • gilt bei der Ein- und Ausreise	**Drittstaatsangehöriger** Unterscheidung in • Eingehende Kontrolle bei der Einreise (Art. 8 III a SGK) und • Eingehende Kontrolle bei der Ausreise (Art. 8 III g SGK)

MINDESTKONTROLLE

Folgende Statusgruppen unterfallen dem Kontrollmaßstab nach Art. 8 II SGK

- Unionsbürger
- EWR-Bürger

- Bürger der Schweiz
- Drittstaatsangehörige, die Familienangehörige eines oben genannten Bürgers sind

All diese Personen haben Anspruch auf freien Personenverkehr i. S. d. Art. 2 Nr. 5 SGK und sind demnach nach Art. 8 II SGK zu kontrollieren.

Diese Kontrolle umfasst:

- Identitätsfeststellung
- Überprüfung der Echtheit und Gültigkeit des Reisedokuments
- Abfrage in den polizeilichen Datenbanken

EINGEHENDE KONTROLLE

Einer eingehenden Kontrolle gemäß Art. 8 III SGK unterliegen alle Drittstaatsangehörigen gemäß Art. 2 Nr. 6 SGK.

Diese Kontrolle umfasst:

- Identitätsfeststellung
- Prüfung der Einreisevoraussetzungen nach Art. 6 I SGK
- Überprüfung der Echtheit und Gültigkeit des Reisedokuments sowie der benötigten Aufenthaltstitel/Visa
- Abfrage in den polizeilichen Datenbanken

Um die Einreisevoraussetzungen nach Art. 6 I SGK zu prüfen, wird der Drittstaatsangehörige einer Einreisebefragung unterzogen.

Auch die Ausreise über eine Schengen-Außengrenze unterliegt dem Kontrollmaßstab des Art. 8 SGK, wobei hier der Schwerpunkt bei Drittstaatsangehörigen i. S. d. Art. 2 Nr. 6 SGK liegt.

6.1 Kontrolle an den Außengrenzen

Der für Sie wichtigste Artikel ist Art. 6 SGK.

Dieser enthält die Voraussetzungen für die Einreise, die jeder Drittstaatsangehörige beim Überschreiten der Schengen-Außengrenze erfüllen muss, um in das Schengen-Gebiet einreisen zu dürfen.

Einreisevoraussetzungen des Art. 6 I SGK im Überblick:
- Art. 6 I a SGK: Besitz eines gültigen Reisedokuments
- Art. 6 I b SGK: Besitz eines gültigen Visums, soweit erforderlich
- Art. 6 I c SGK: Zweck-Mittel-Nachweis
- Art. 6 I d SGK: Keine Ausschreibung im SIS zur Einreiseverweigerung
- Art. 6 I e SGK: Gefahrenabwehr

BESITZ EINES GÜLTIGEN REISEDOKUMENTS

Laut Art. 6 I a SGK muss der Drittstaatsangehörige ein gültiges Reisedokument besitzen, welches ihn zum Grenzübertritt berechtigt, in den vorangegangenen 10 Jahren ausgestellt wurde und noch mindestens drei Monate nach geplanter Ausreise gültig ist.

Diese Regelung ist vergleichbar mit der Passpflicht nach § 3 I AufenthG.

BESITZ EINES GÜLTIGEN VISUMS, SOWEIT ERFORDERLICH

Gemäß Art. 6 I b SGK muss der Drittstaatsangehörige im Besitz eines gültigen Visums sein (Kat. C), wenn es die EUVisaVO vorsieht, außer wenn er Inhaber eines gültigen Aufenthaltstitels oder eines gültigen Visums für den längerfristigen Aufenthalt ist.

Letztendlich bedeutet dies, dass der **Negativstaater** ein Visum benötigt, der **Positivstaater** nicht. Auch bedürfen die Drittstaatsangehörigen kein Visum, die eine Ausnahme von der Visapflicht i. S. d. Art. 6 EUVisaVO in Anspruch nehmen können.

Ausgenommen von der Visumspflicht sind grundsätzlich alle Drittstaatsangehörigen, welche einen Aufenthaltstitel eines Schengen-Mitgliedstaates oder ein D-Visum besitzen.

ZWECK-MITTEL-NACHWEIS

Gemäß Art. 6 I c SGK muss der Drittstaatsangehörige den Zweck und die Umstände des Aufenthalts belegen, und er muss über ausreichende Mittel zur Finanzierung des Aufenthalts und der Rückkehr verfügen bzw. in der Lage sein, diese Mittel rechtmäßig zu erwerben.

Grundsätzlich muss also jeder Drittstaatsangehörige nachweisen können, warum er in das Schengen-Gebiet einreisen möchte.

Diese Gründe können unterschiedlicher Natur sein:

- Reisen aus beruflichen Gründen
- Reisen zu Studien- oder sonstigen Ausbildungszwecken
- touristische oder private Reisen oder aus anderen Gründen

Hierfür muss der Drittstaatsangehöriger u. a. Belege, Einladungsschreiben, Hotelbuchungen vorweisen können. Auch die Rückreise muss belegt werden.

Die Höhe der erforderlichen finanziellen Mittel ist von Mitgliedsstaat zu Mitgliedsstaat unterschiedlich.

Für Deutschland gilt momentan ein Richtbetrag von **45 Euro am Tag**, um den Aufenthalt ausreichend finanzieren zu können.

Andere Staaten haben andere Richtwerte:

- Beispiel Frankreich mit 120 Euro
- Beispiel Österreich – ohne Richtbetrag

Die Richtbeträge aller Schengen-Staaten finden Sie in der Anlage 25 zum SGK.

Exkurs zum Zweckwechsel

Wenn Sie sich bei der Vornahme der Einreisebefragung befinden, kommt es genau darauf an, dass Sie herausfiltern können, ob die Person, die vor Ihnen steht, auch wirklich aus dem Zweck einreisen möchte, den diese bei Ihnen angibt bzw. auch wirklich dem Zweck nachgehen möchte, welchen die Person bei der Beantragung eines Visums angegeben hat.

Stellen Sie im Rahmen der Einreisebefragung fest, dass die Person sich bezüglich des angegebenen Einreisezweckes in Widersprüche verstrickt, bzw. den angegebenen Zweck nicht belegen kann, könnte ein sogenannter Zweckwechsel vorliegen, welcher dazu führen kann, dass die Person diese Voraussetzung nicht erfüllt.

Ein solcher Zweckwechsel kann zum Beispiel vorliegen bei:

- Aufnahme einer geplanten Erwerbstätigkeit, ohne dies bei der Visabeantragung angegeben zu haben
- geplantem langfristigem Aufenthalt, aber Angabe, dass nur ein kurzfristiger Aufenthalt angestrebt wird

Dies führt in der Regel zur Nichterfüllung des Art. 6 I c SGK und ggf. zur Strafbarkeit nach dem AufenthG.

KEINE AUSSCHREIBUNG IM SIS ZUR EINREISEVERWEIGERUNG

Gemäß Art. 6 I d SGK darf die Person nicht zur Einreiseverweigerung im Schengener Informationssystem (SIS) ausgeschrieben sein.

- Schengenweites, polizeiliches Fahndungssystem!
- Rechtsgrundlagen bilden u. a. die VO (EU) Nr. 2018/1861 (SIS-III-VO). Weitere Rechtsgrundlagen sind: Die **Verordnung (EU) 2018/1860** über die Nutzung des Schengener Informationssystems für die Rückkehr illegal aufhältiger Nicht-EU-Staatsangehöriger und die **Verordnung (EU) 2018/1862** über die Einrichtung, den Betrieb und die Nutzung des Schengener Informationssystems im Bereich der polizeilichen Zusammenarbeit und der justiziellen Zusammenarbeit in Strafsachen.
- Nach Art. 6 SIS-III-VO hat jeder Vertragsstaat eine zentrale Stelle einzurichten, die für den nationalen Teil des SIS zuständig ist.
- Diese Stellen tragen den Namen SIRENE (*Supplementary Information Request at the National Entry*).
- Die deutsche Zentralstelle trägt den Namen SIRENE Deutschland und ist beim Bundeskriminalamt (BKA) eingerichtet.

**Art. 24 der VERORDNUNG (EU) 2018/1861
DES EUROPÄISCHEN PARLAMENTS UND DES RATES
vom 28. November 2018
über die Einrichtung, den Betrieb und die Nutzung des Schengener Informationssystems (SIS) im Bereich der Grenzkontrollen, zur Änderung des Übereinkommens zur Durchführung des Übereinkommens von Schengen und zur Änderung und Aufhebung der Verordnung (EG) Nr. 1987/2006**

(1) Die Mitgliedstaaten geben eine Ausschreibung der Einreise- und Aufenthaltsverweigerung ein, wenn eine der folgenden Voraussetzungen erfüllt ist:

a) Der Mitgliedstaat ist auf der Grundlage einer individuellen Bewertung, die eine Bewertung der persönlichen Umstände des betreffenden Drittstaatsangehörigen und der Auswirkungen der Einreise- und Aufenthaltsverweigerung für den betreffenden Drittstaatsangehörigen umfasst, zu dem Schluss gelangt, dass die Anwesenheit dieses Drittstaatsangehörigen in seinem Hoheitsgebiet eine Gefahr für die öffentliche Ordnung oder für die öffentliche oder die nationale Sicherheit in seinem Hoheitsgebiet darstellt, und der Mitgliedstatt folglich im Einklang mit seinen nationalen Rechtsvorschriften eine richterliche oder behördliche Entscheidung zur Einreise- und Aufenthaltsverweigerung erlassen und eine nationale Ausschreibung der Einreise- und Aufenthaltsverweigerung verhängt hat, oder

b) der Mitgliedstaat hat gemäß Verfahren, die mit der Richtlinie 2008/115/EG in Einklang stehen, ein Einreiseverbot gegen einen Drittstaatsangehörigen verhängt.

(2) Die Situationen gemäß Absatz 1 Buchstabe a sind gegeben, wenn

a) ein Drittstaatsangehöriger in einem Mitgliedstaat wegen einer Straftat verurteilt worden ist, die mit Freiheitsstrafe von mindestens einem Jahr bedroht ist;

b) gegen einen Drittstaatsangehörigen der begründete Verdacht besteht, dass er eine schwere Straftat — wozu auch terroristische Straftaten gehören — begangen hat, oder wenn konkrete Hinweise vorliegen, dass er solche Taten im Hoheitsgebiet eines Mitgliedstaats plant; oder

c) ein Drittstaatsangehöriger Rechtsvorschriften der Union oder nationale Rechtsvorschriften über die Einreise in das und den Aufenthalt im Hoheitsgebiet der Mitgliedstaaten umgangen hat oder versucht hat, diese Rechtsvorschriften zu umgehen.

(3) Damit die erneute Einreise des betreffenden Drittstaatsangehörigen verhindert wird, stellt der ausschreibende Mitgliedstaat sicher, dass die Ausschreibung im SIS wirksam wird, sobald der Drittstaatsangehörige das Hoheitsgebiet der Mitgliedstaaten verlassen hat oder so rasch wie möglich, nachdem der ausschreibende Mitgliedstaat konkrete Hinweise dafür erhalten hat, dass der Drittstaatsangehörige das Hoheitsgebiet der Mitgliedstaaten verlassen hat.

(4) Personen, gegen die eine Entscheidung zur Einreise- oder Aufenthaltsverweigerung gemäß Absatz 1 erlassen wird, steht ein Rechtsmittel zu. Solche Rechtsmittel bestimmen sich nach dem Unionsrecht und dem nationalen Recht, die auch einen wirksamen Rechtsbehelf vor einem Gericht vorsehen müssen.

GEFAHRENABWEHR

Gemäß Art. 6 I e SGK darf die Person keine Gefahr für die öffentliche Ordnung, die innere Sicherheit, die öffentliche Gesundheit oder die internationalen Beziehungen eines Mitgliedstaates darstellen und die Person darf auch keine nationale Ausschreibung zur Einreiseverweigerung insbesondere aus oben genannten Gründen haben.

Der Begriff „Gefahr für die öffentliche Ordnung und Gefahr für die innere Sicherheit im EU-Recht“ ist **ähnlich** der Begrifflichkeit der öffentlichen Sicherheit in Deutschland.

Demnach geht es hier um die Beurteilung, ob die Person u. a. eine Gefahr für die geschriebene Rechtsordnung darstellt. Eine solche Gefahr lässt sich begründen, wenn die Person bei der Einreise gegen aufenthaltsrechtliche Bestimmungen verstößt oder aber eine nicht genehmigte Erwerbstätigkeit ausüben möchte.

Im Wesentlichen geht es um die Beurteilung, ob die Person im Rahmen ihres angestrebten Aufenthalts gegen die geltende Rechtsordnung verstoßen könnte. Wobei ausdrücklich zu erwähnen ist, dass nicht zwangsläufig jeder geringfügige Verstoß eine solche Gefahr begründet.

Weiterhin darf von der Person keine Gefahr für die öffentliche Gesundheit ausgehen. Diese liegt vor, wenn die Person an einer Krankheit leidet, welche epidemisches Potenzial hat.

Eine Gefahr für die internationalen Beziehungen kann sich insbesondere aus der Einreise international unerwünschter Personen ergeben.

Auch eine nationale Ausschreibung, nach nationalem deutschen Recht gemäß § 11 AufenthG, führt zur Nichterfüllung dieser Voraussetzung.

Was passiert bei Nichterfüllung der Einreisevoraussetzungen?

Bei Nichterfüllung der Einreisevoraussetzungen, und wenn auch nur eine Voraussetzung nicht erfüllt wird, ist dem Drittstaatsangehörigen gemäß Art. 14 SGK die Einreise in den Schengen-Raum zu verweigern. Da es sich bei der Einreiseverweigerung um eine ausländerrechtliche Maßnahme handelt, wird diese im gleichbenannten Kapitel behandelt.

Aber auch hierfür gibt es Ausnahmen. Diese finden Sie in Art. 6 V SGK.

Ausnahmen

1. *Durchreiserecht*	2. *Ausnahmevisa*	3. *u. a. humanitäre Gründe*
Art. 6 V a SGK	Art. 6 V b SGK	Art. 6 V c SGK

1. AUSNAHME → Durchreiserecht

Art. 6 V a SGK wird als **Durchreiserecht** bezeichnet. Hier geht es um Drittstaatsangehörige, die einen Aufenthaltstitel eines anderen Schengen-Mitgliedstaates oder ein Visum für den langfristigen Aufenthalt eines anderen Schengen-Mitgliedstaates besitzen.

Dieser Personenkreis ist berechtigt, bei Nichterfüllung der Voraussetzungen in Art. 6 I SGK, über die Schengen-Außengrenze einzureisen und sich auf direktem Weg in den Staat zu begeben, von welchem der Titel ausgestellt wurde. Insoweit müsste man eher vom *Hinreise-Recht* in den Ausstellerstaat sprechen.

BEISPIEL ZUM DURCHREISERECHT:

Der algerische Staatsanagehörige A ist Inhaber eines französischen Aufenthaltstitels. Sein algerischer Reisepass ist nicht mehr gültig. Er wird vorstellig zur grenzpolizeilichen Einreisekontrolle des Fluges aus Tunis am Flughafen Frankfurt/Main. Er beabsichtigt, von Frankfurt/Main mit dem Zug nach Paris weiterzureisen. Er lebt in Paris. Alle sonstigen Voraussetzungen erfüllt er. Einzig der Pass ist nicht mehr gültig.

Er hat im Ergebnis ein Durchreiserecht nach Art. 6 V a SGK.

Besteht jedoch eine nationale Einreiseverweigerung, dann kann er von dieser Ausnahme keinen Gebrauch machen.

2. AUSNAHME → Erteilung Ausnahmevisum

Art. 6 V b SGK: Hier geht es um die Erteilung eines sogenannten Ausnahmevisums nach den Voraussetzungen der Art. 35, 36 VK für Drittstaatsangehörige, die aus unvorhersehbaren zwingenden Gründen nicht das reguläre Visumsverfahren einhalten konnten.

Dieser Personenkreis muss persönlich vorstellig werden und die restlichen Einreisevoraussetzungen Art. 6 I a, c, d und e SGK erfüllen.

3. AUSNAHME → Humanitäre Gründe

Art. 6 V c SGK ermöglicht auch die Einreise für Drittstaatsangehörige, die mehr als nur eine Einreisevoraussetzung nicht erfüllen, wenn es aus humanitären Gründen, aufgrund nationalen Interesses oder aufgrund internationaler Verpflichtungen geschieht.

Unter welchen Voraussetzungen müssen Reisedokumente abgestempelt werden?

Nachdem Sie jetzt wissen, welche Einreisevoraussetzungen ein Drittstaatsangehöriger bei der Einreise erfüllen muss, ist der nächste Schritt, zum einen, der Person die Einreise zu gestatten und zum anderen, das Reisedokument mit einem Einreisestempel zu versehen.

Das Abstempeln der Reisedokumente bei der Ein- und Ausreise ist unabdingbar, um feststellen zu können, wie lang sich die Person im Schengen-Raum aufgehalten hat bzw. wie lang sich die Person, bei Kontrolle im Inland, bereits aufhält.

Es geht hier um die **Überprüfung der Aufenthaltsdauer** i. d. R. bei einem Kurzaufenthalt, d. h. max. 90 Tage innerhalb eines 180 Tageszeitraumes.

Aber Achtung, nicht alle Ausländer unterliegen einer Stempelpflicht.

Regelungen hierfür finden Sie in Art. 11 SGK.

Art. 11 I SGK

Die Reisedokumente von Drittstaatsangehörigen werden bei der Einreise und bei der Ausreise systematisch abgestempelt. Ein Einreise- oder Ausreisestempel wird insbesondere angebracht in

a) den Grenzübertrittspapieren von Drittstaatsangehörigen, in denen sich ein gültiges Visum befindet;
b) den Grenzübertrittspapieren von Drittstaatsangehörigen, denen von einem Mitgliedstaat an der Grenze ein Visum erteilt wird;
c) den Grenzübertrittspapieren von Drittstaatsangehörigen, die nicht der Visumspflicht unterliegen

In Absatz 2 geht es ferner um Drittstaatsangehörige, die Anspruch auf Freizügigkeit haben, jedoch keine Aufenthaltskarte vorzeigen können.

Absatz 3 regelt, bei welchen Statusgruppen bzw. Personengruppen von der Anbringung des Einreise- und Ausreisestempels abgesehen wird. Hierunter fallen z. B. Staatsoberhäupter, Würdenträger, Flugpersonal und Seeleute.

Nach der Überprüfung der Einreisevoraussetzungen und dem Anbringen des Passkontrollstempels wird dem Drittstaatsangehörigen die Einreise in das Bundesgebiet und somit auch in das Schengen-Gebiet gestattet.

6.2 Kontrolle an den Binnengrenzen

AUFENTHALTS- UND REISERECHTE

Wie bereits bei den Begriffsbestimmungen aufgeführt, beginnt nun der sogenannte **Aufenthalt,** und damit einhergehend steht ein erneuter Wechsel im EU-/Schengen-Recht an.

Die nächste Vorschrift, die Sie benötigen, ist das Schengener Durchführungsübereinkommen (SDÜ).

Hier sind für Sie die sogenannten Aufenthalts- und Reiserechte gemäß Art. 19, 20, 21 SDÜ relevant. Diese Artikel enthalten die Voraussetzungen, die ein Drittstaatsangehöriger während seines Aufenthalts im Schengen-Gebiet erfüllen muss, ganz gleich, in welchem Mitgliedstaat er sich befindet. Der Drittstaatsangehörige kann mit diesen Rechten auch die sogenannten Binnengrenzen überschreiten, ohne sich hierfür erneut einer Einreisekontrolle bei Grenzübertritt zwischen zwei Mitgliedsstaaten zu unterziehen. Bei Antreffen des Drittstaatsangehörigen im grenznahen Raum oder im Inland ist demnach – für die Kontrolle – das SDÜ anzuwenden.

Wichtig für das Verständnis und die richtige Interpretation des Gesetzestextes:
Da das SDÜ eine etwas ältere Vorschrift ist, werden Sie hier in Teilen andere Begrifflichkeiten finden als im SGK oder in der EUVisaVO.

Um Missverständnissen vorzubeugen[23], werden kurz die Begrifflichkeiten gegenübergestellt.

- Der Drittstaatsangehörige i. S. d. Art. 2 Nr. 6 SGK wird **im SDÜ als Drittausländer** bezeichnet.
- Der verwendete Begriff des **Sichtvermerkes** ist dem Begriff des **Visums** für den kurzfristigen Aufenthalt gleichzusetzen.
- Im abgebildeten Gesetzestext der Art. 19 und 20 befindet sich der Hinweis auf Einreisevoraussetzungen des Art. 5 SDÜ, dieser wurde jedoch aus dem SDÜ in den SGK übertragen. Es handelt sich hier also um die oben aufgeführten **Einreisevoraussetzungen gemäß Art. 6 I SGK**.
- Der Hinweis in Art. 21 SDÜ bezieht sich hingegen auf Art. 5 SGK. Auch hier sind die Einreisevoraussetzungen nach Art. 6 SGK gemeint.

Nachfolgend ein grafischer Überblick über die Reiserechte:

Art. 19 SDÜ **Reiserecht für** **i. d. R. Negativstaater**	**Art. 20 SDÜ** **Reiserecht für** **i. d. R. Positivstaater**	**Art. 21 SDÜ** **Reiserecht für** **AT-Inhaber[24] und** **D-Visa-Inhaber**
Adressat? In der Regel Staatsangehörige im Anhang I der EUVisaVO als Inhaber eines einheitlichen Sichtvermerkes (Visum C). Zu prüfen? Grundvoraussetzungen, die zu prüfen sind: • **Drittstaatsangehöriger** • **Sichtvermerkspflichtig** • **Inhaber eines einheitlichen Sichtvermerks** (C-Visum)	Adressat? In der Regel Staatsangehörige im Anhang II der EUVisaVO für einen beabsichtigten Kurzaufenthalt (max. 90 Tage innerhalb eines Zeitraumes von 180 Tagen). Zu prüfen? Grundvoraussetzungen, die zu prüfen sind: • **Drittstaatsangehöriger** • **Sichtvermerksfrei** • **Kurzaufenthalt im Schengen-Gebiet**	Adressat? Inhaber eines (vorläufigen) Aufenthaltstitels eines Schengen-Vollanwenderstaates oder Inhaber eines nationalen D-Visums (siehe dazu Art. 18 SDÜ). Zu prüfen? Grundvoraussetzungen, die zu prüfen sind: • **Drittstaatsangehöriger** • **Inhaber eines Schengen-AT bzw. D-Visums** • **Kurzaufenthalt in den anderen Schengen-Staaten**

23 Ab und zu erreichen uns Zuschriften (auch von erfahrenen Kolleginnen und Kollegen aus der Praxis), die sich darüber wundern, dass wir in den Erläuterungen bspw. auf Art. 5 SGK verweisen. Dies ist jedoch der tatsächliche Gesetzestext des SDÜ. Bitte lesen!

24 Auch vorläufige Aufenthaltstitel, s. Art. 21 II SDÜ.

Weitere Prüfungspunkte? **Reiserecht bei Erfüllung der Voraussetzungen des Art. 6 I SGK – Buchstaben:**		
a.) gültiges Reisedokument c.) Nachweis des Aufenthaltszweckes und der erforderlichen finanziellen Mittel d.) Keine Ausschreibung im SIS zur Einreiseverweigerung e.) Keine Gefahr oder nationale Ausschreibung	a.) gültiges Reisedokument c.) Nachweis des Aufenthaltszweckes und der erforderlichen finanziellen Mittel d.) Keine Ausschreibung im SIS zur Einreiseverweigerung e.) Keine Gefahr oder nationale Ausschreibung	a.) gültiges Reisedokument c.) Nachweis des Aufenthaltszweckes und der erforderlichen finanziellen Mittel e.) Keine Gefahr oder nationale Ausschreibung

6.2.1 Reiserecht nach Art. 19 I SDÜ

Gesetzestext: Drittausländer, die Inhaber eines einheitlichen Sichtvermerkes sind und rechtmäßig in das Hoheitsgebiet einer der Vertragsparteien eingereist sind, können sich während der Gültigkeitsdauer des Sichtvermerkes und soweit sie die in Art. 5 I lit. a, c, d, und e aufgeführten Einreisevoraussetzungen erfüllen, frei im Hoheitsgebiet aller Vertragsparteien bewegen.

Wie dem Text zu entnehmen ist, muss der Drittstaatsangehörige rechtmäßig über eine Schengen-Außengrenze eingereist sein. Ein Indiz dafür ist der Passkontrollstempel.

Weiterhin muss er Inhaber eines einheitlichen Sichtvermerkes sein. Das sind i. d. R. Drittstaatsangehörige, die gemäß Art. 3 I i. V. m. Anhang I EUVisaVO bei der Einreise visumspflichtig sind (**NEGATIVSTAATER**).

Aber auch Staatsangehörige eines sogenannten **Positivstaates** können unter Umständen ein Visum für den Kurzaufenthalt besitzen, da sie beispielsweise eine Erwerbstätigkeit während ihres Kurzaufenthalts ausüben möchten.

Im Anschluss müssen die Einreisevoraussetzungen des Art. 6 I a, c, d, und e SGK erfüllt sein.

Viele von Ihnen fragen sich jetzt vielleicht, warum Buchstabe b nicht zu prüfen ist. Nun, die Visumspflicht haben Sie bereits geprüft.

6.2.2 Reiserecht nach Art. 20 I SDÜ

Gesetzestext (die nachfolgenden Gesetzesauszüge beinhalten einen Zusatz (Klammer) durch die Verfasser): Sichtvermerksfreie Drittausländer können sich in dem Hoheitsgebiet der Vertragsparteien frei bewegen, höchstens jedoch 90 Tage je Zeitraum von 180 Tagen (= **Kurzaufenthalt**) und soweit sie die in Art. 5 I lit. a, c, d, und e aufgeführten Einreisevoraussetzungen erfüllen.

Hier geht es in erster Regel um Drittstaatsangehörige, die gemäß Art. 4 I i. V. m. Anhang II EUVisaVO bei der Einreise in das Schengen-Gebiet für einen Kurzaufenthalt visumsfrei einreisen dürfen, also um die sogenannten **POSITIVSTAATER**.

Aber auch Drittstaatsangehörige, deren Staatsangehörigkeit einem in Anhang I der EUVisaVO genannten Länder zugeordnet ist **(Negativstaater)**, können aufgrund der Ausnahmen von der AT-Pflicht, wie weiter oben beschrieben, in dieses Reise- und Aufenthaltsrecht fallen.

BEISPIEL:

Ein pakistanischer Staatsangehöriger mit Diplomatenpass wird im 30-km-Bereich der BPOLI Forst von Bundespolizeikräften kontrolliert. Hier ergibt sich die Sichtvermerkbefreiung in Deutschland aus Art. 6 I a EUVisaVO i. V. m. § 19 AufenthV.

Während des gesamten Aufenthalts müssen die Einreisevoraussetzungen gemäß Art. 6 I a, c, d, e SGK erfüllt sein. Auch hier haben Sie Art. 6 I b SGK vorab geprüft.

6.2.3 Reiserecht nach Art. 21 I SDÜ

Gesetzestext (die nachfolgenden Gesetzesauszüge beinhalten Hervorhebungen durch die Verfasser): Drittausländer, die Inhaber eines gültigen, von einem der Mitgliedstaaten ausgestellten Aufenthaltstitels sind, können sich aufgrund dieses Dokuments und eines gültigen Reisedokuments bis zu 90 Tage je Zeitraum von 180 Tagen frei im Hoheitsgebiet der <u>anderen</u> Mitgliedsstatten bewegen, sofern sie die in Art. 5 I a, c, und e SGK genannten Einreisevoraussetzungen erfüllen.

Hier geht es um alle Drittstaatsangehörigen, die Ihren festen Lebensmittelpunkt in einem der Schengen-Staaten haben, **unabhängig ob Positiv- oder Negativstaater**. Diesen Angehörigen soll ermöglicht werden, visumsfrei in alle anderen Schengen-Staaten reisen zu dürfen.

BEISPIEL:

Ein ukrainischer Staatsbürger wird im 30-km-Bereich von Bundespolizisten kontrolliert. Er legt einen gültigen ukrainischen Reisepass vor und verfügt über einen schengenweit gültigen Aufenthaltstitel von Polen, wo er seinen ordentlichen Wohnsitz hat.

Auch hier wurde Art. 6 I b SGK vorangestellt. Die Überprüfung im SIS gemäß Art. 6 I d SGK unterbleibt hier, da der Mitgliedsstaat vor Ausstellung des AT eine Überprüfung der Person im SIS vornimmt und i. d. R. davon ausgegangen werden kann, dass diese nachträglich nicht mehr ausgeschrieben wird.

6.2.4 Reiserecht nach Art. 21 II a SDÜ

Das in Absatz 1 festgelegte Recht auf freien Personenverkehr gilt auch für Drittausländer, die Inhaber eines von einem der Mitgliedstaaten gemäß Art. 18 SDÜ erteilten gültigen Visums für den längerfristigen Aufenthalt sind.

Hier geht es um Drittstaatsangehörige, die ein sogenanntes **D-Visum** von einem Schengen-Staat haben.

BEISPIEL:

Ein ukrainischer Staatsangehöriger wird im 30-km-Bereich der BPOLI Offenburg kontrolliert. Er weist sich mit einem gültigen ukrainischen Reisepass aus und besitzt ein nationales Visum von Frankreich Typ D für Studienzwecke.

6.3 Fristenberechnung

Bei der Fristenberechnung geht es um das Be- bzw. Errechnen der Aufenthaltstage, die der Drittstaatsangehörige im Rahmen eines Kurzaufenthalts bereits im Schengen-Raum verbracht hat bzw. noch verbringen möchte.

Der Kurzaufenthalt darf maximal 90 Tage in einem Tageszeitraum von 180 Tagen dauern.

Die 180 Tage werden als Bezugszeitraum bezeichnet.

Für die Erfassung der Aufenthaltstage sind für Sie die angebrachten **Kontrollstempel** wichtig. Sie müssen stets die zusammenpassenden Kontrollstempel für die Einreise und die Ausreise im Reisepass finden.

Ein Drittstaatsangehöriger kann mehrere Male zur Einreise erscheinen, bis er seine 90 Tage in 180 Tagen aufgebraucht hat.

Folgende Grundregeln sind bei der Berechnung der Aufenthaltsdauer zu beachten:

- entscheidend ist der **Kontrolltag** → ab hier werden 180 Tage zurückgerechnet
- nach der Rückrechnung erfolgt die Verschiebung des Bezugszeitraumes bis zum Tag der geplanten Ausreise, außer die Person befindet sich bei der Ausreise
- der **Tag der Einreise** wird als ein Tag gezählt und der **Tag der Ausreise** ebenso
- der Bezugszeitraum (also die 180 Tage) wandern mit dem Drittstaatsangehörigen mit

BEISPIEL:

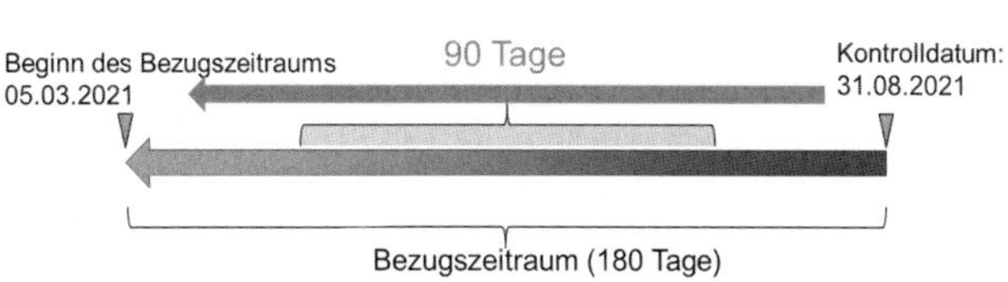

BEISPIELE ZUR BERECHNUNG:

1.) Ein argentinischer Staatsangehöriger wird am 18.03.2021 am Flughafen Hamburg zur Ausreise vorstellig. Die Einreise erfolgte am 28.02.2021.

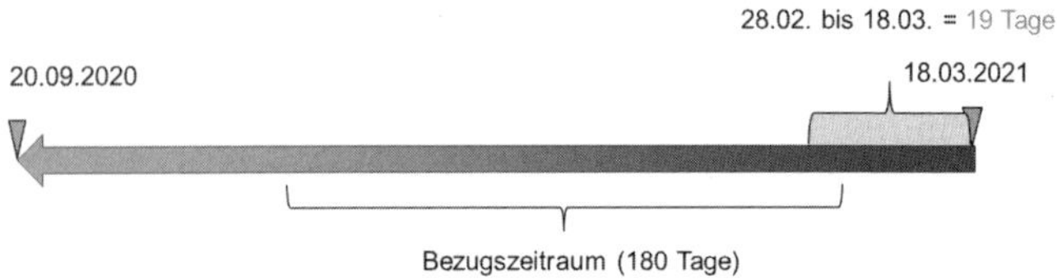

Das Kontrolldatum ist der 18.03.2021, nun werden 180 Tage zurückgerechnet und kontrolliert, wie viel Tage sich die Person bereits aufgehalten hat. Hier 19 Tage.

2.) Ein US-amerikanischer Staatsangehöriger wird am 18.03.2021 am Flughafen Hamburg zur Ausreise vorstellig. Dem Reisedokument ist zu entnehmen, dass die Person bereits vom 03.11.2020 bis 19.11.2020 in Deutschland war und am 27.01.2021 erneut eingereist ist.

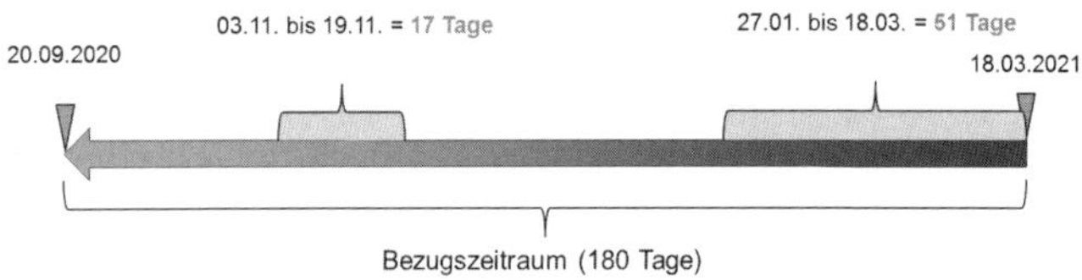

Hier gibt es im Bezugszeitraum zwei Aufenthalte, welche zu berücksichtigen sind.

Insgesamt hat sich die Person **68 Tage** aufgehalten.

3.) Ein türkischer Staatsangehöriger wird am 18.03.2021 in der Nähe von Forst (Brandenburg) kontrolliert. Dem Reisedokument ist zu entnehmen, dass sich die Person bereits vom 14.08.2020 bis 09.10.2020 in Deutschland aufgehalten hat und erneut am 03.02.2021 eingereist ist.

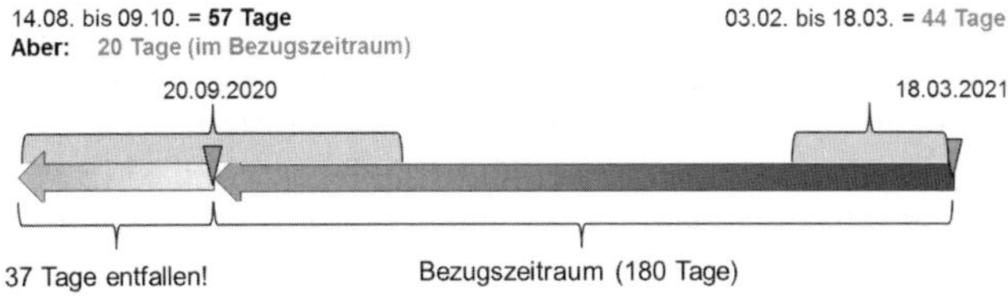

Hier findet die Kontrolle zur Nähe einer Schengen-Binnengrenze statt. Die Person hält sich noch in Deutschland bzw. im Schengen-Raum auf. Die ggf. noch andauernde Aufenthaltszeit wird hier nicht abgebildet.

Besonders zu betrachten ist der Aufenthaltszeitraum vom 14.08.2020 bis 09.10.2020. Von diesem Aufenthalt liegen nur noch 20 Tage im aktuellen Bezugszeitraum. Die restlichen 37 Tage entfallen in der Fristenberechnung und sind nicht mehr zu berücksichtigen. Insgesamt hat sich die Person **64 Tage** aufgehalten.

4.) Ein mexikanischer Staatsangehöriger wird am 30.05.2021 am Flughafen Hamburg zur Ausreise vorstellig. Dem Reisedokument ist zu entnehmen, dass die Person bereits vom 14.08.2020 bis 30.08.2020 in Deutschland war und am 15.12.2020 erneut eingereist ist.

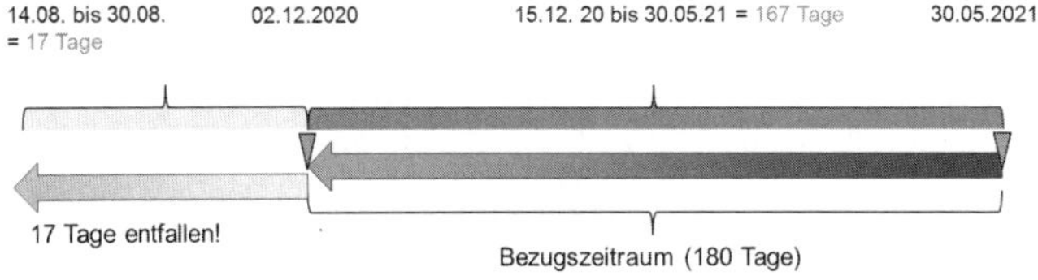

Hier hat sich die Person durchgehend vom 15.12.2020 bis 30.05.2021 aufgehalten. Der Bezugszeitraum begann am 02.12.2020, sodass der vorherige Aufenthalt vom 14.08.2020–30.08.2020 nicht zu berücksichtigen ist. Die erlaubte Aufenthaltszeit von 90 Tagen wurde mit **77 Tagen** überschritten. Die Person hält sich bereits ab dem 91. Tag unerlaubt auf.

5.) Ein ukrainischer Staatsangehöriger wird am 04.08.2021 in der Nähe von Forst (Brandenburg) kontrolliert. Dem Reisedokument ist zu entnehmen, dass die Person bereits vom 11.05.2021 bis 02.06.2021 in Deutschland war und am 27.07.2021 erneut eingereist ist.

Weiter gibt die Person an, bis 10.10.2021 bleiben zu wollen.

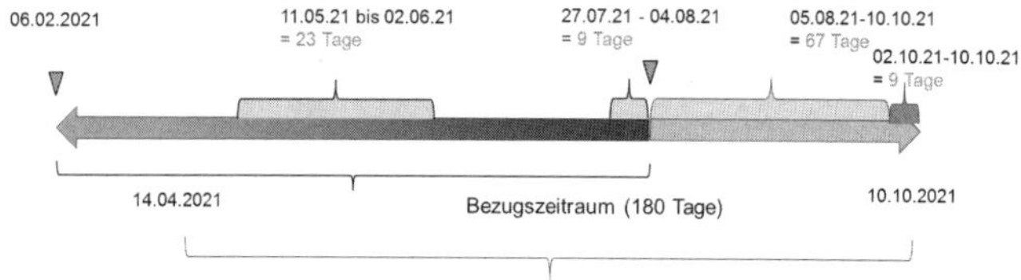

Hier findet die Kontrolle zu Nähe einer Schengen-Binnengrenze statt. Die Person gibt, an sich noch bis 10.10.2021 aufhalten zu wollen.

Der Kontrolltag ist der 04.08.2021. **Zuerst** wird ab diesem Tag 180 Tage zurückgerechnet, um die bereits aufgebrauchten Tage zu ermitteln.

Anschließend verschiebt sich der Bezugszeitraum bis zum Tag der geplanten Ausreise, also bis zum 10.10.2021. Der Beginn des neuen Bezugszeitraums ist der 14.04.2021.

Hier liegt der erste Aufenthalt weiterhin im Bezugszeitraum und ist mit 23 Tagen voll zu berücksichtigen.

Der aktuelle Aufenthalt vom 02.07.2021–04.08.2021 umfasst 9 Tage. Der noch geplante Aufenthalt soll weitere 67 Tage andauern. Die Person würde somit insgesamt 99 Tage Aufenthalt im 180 Tages-Bezugszeitraum haben.

Die Ausreise müsste spätestens am **01.10.2021** erfolgen.

7. Erwerbstätigkeit

Unter den Begriff Erwerbstätigkeit i. S. d. AufenthG fallen gemäß § 2 II AufenthG selbstständige Tätigkeiten, Beschäftigungen i. S. d. § 7 des Vierten Buches Sozialgesetzbuch und die Tätigkeit als Beamter.

Zusammengefasst:
Erwerbstätigkeit liegt immer dann vor, wenn eine Tätigkeit ausgeübt wird, die nach deutschem Recht steuer- und sozialabgabepflichtig wird.

Grundsätze der Erwerbstätigkeit

- **Zugang zur Erwerbstätigkeit (§ 4a AufenthG)**

Gemäß § 4a I Satz 1 AufenthG dürfen Ausländer, die einen Aufenthaltstitel besitzen, eine Erwerbstätigkeit ausüben, es sei denn, ein Gesetz bestimmt ein Verbot.

- **Erkennbarkeit der Erwerbstätigkeit**

Gemäß § 4a III AufenthG muss jeder Aufenthaltstitel erkennen lassen, ob die Ausübung einer Erwerbstätigkeit erlaubt ist und ob sie Beschränkungen unterliegt. Bei nationalen Aufenthaltstiteln für den langfristigen Aufenthalt finden Sie grundsätzlich den Zusatz „Erwerbstätigkeit gestattet“.

Bei Aufenthaltstiteln für den kurzfristigen Aufenthalt (C-Visum) ist dieser Zusatz auch zu finden, wenn der Drittstaatsangehörige die Aufnahme einer Erwerbstätigkeit im Rahmen der Visaerteilung beantragt hat. Denn grundsätzlich berechtigt ein Schengen-Visum (Typ C) nicht zur Ausübung einer Erwerbstätigkeit (siehe auch § 6 II a AufenthG).

Wie bereits bei den Ausnahmen von der AT-Pflicht beschrieben, bedürfen

- Positivstaater,
- Drittstaatsangehörige, die Inhaber eines Aufenthaltstitels oder ein nationales Visum der Kat. D eines anderen Schengen-Staates sind,

bei der Aufnahme einer Erwerbstätigkeit gemäß § 17 I AufenthV bei einem geplanten Kurzaufenthalt in Deutschland ein Visum **mindestens der Kat. C, welches ihnen die Erwerbstätigkeit ausdrücklich gestattet**.

Laut 17 II AufenthV bestehen für diesen Grundsatz Ausnahmen:

> **§ 17 II AufenthV**
>
> Absatz 1 findet keine Anwendung, soweit der Ausländer im Bundesgebiet bis zu 90 Tage innerhalb von zwölf Monaten lediglich Tätigkeiten ausübt, die nach § 30 Nummer 2 und 3 der Beschäftigungsverordnung nicht als Beschäftigung gelten, oder diesen entsprechende selbstständige Tätigkeiten ausübt. Die zeitliche Beschränkung des Satzes 1 gilt nicht für Kraftfahrer im grenzüberschreitenden Straßenverkehr, die lediglich Güter oder Personen durch das Bundesgebiet hindurchbefördern, ohne dass die Güter oder Personen das Transportfahrzeug wechseln. Die Frist nach Satz 1 beträgt für Tätigkeiten nach § 15a und § 30 Nummer 1 der Beschäftigungsverordnung 90 Tage innerhalb von 180 Tagen. Selbstständige Tätigkeiten nach den Sätzen 1 und 2 dürfen unter den dort genannten Voraussetzungen ohne den nach § 4a Absatz 1 Satz 1 des Aufenthaltsgesetzes erforderlichen Aufenthaltstitel ausgeübt werden.

Die **Beschäftigungsverordnung** (BeschV) steuert die Zuwanderung ausländischer Arbeitnehmerinnen und Arbeitnehmer und bestimmt, unter welchen Voraussetzungen diese und die bereits in Deutschland lebenden Ausländerinnen und Ausländer zum Arbeitsmarkt zugelassen werden können.

§ 30 der BeschV regelt, welche Beschäftigungen und selbstständigen Tätigkeiten keine Beschäftigungen i. S. d. § 2 II AufenthG sind.

Drittstaatsangehörige, die eine solche „Nicht“-Beschäftigung ausüben, bedürfen hierfür keiner gesonderten Genehmigung, und daraus resultiert kein Visum für diese Tätigkeit. Diese Drittstaatsangehörigen dürfen visumsfrei einreisen, sich im Bundesgebiet aufhalten und dieser Tätigkeit nachgehen.

§ 30 BeschV (Beschäftigungsaufenthalte ohne Aufenthaltstitel)

Nicht als Beschäftigung im Sinne des Aufenthaltsgesetzes gelten

1. Tätigkeiten nach § 3 Nummer 1 und 2 auch ohne Zustimmung sowie nach § 16, die bis zu 90 Tage innerhalb eines Zeitraums von 180 Tagen ausgeübt werden,
2. Tätigkeiten nach den §§ 5, 14, 15, 17, 18, 19 Absatz 1 sowie den §§ 20, 22 und 23, die bis zu 90 Tage innerhalb eines Zeitraums von zwölf Monaten ausgeübt werden,
3. Tätigkeiten nach § 21, die von Ausländerinnen und Ausländern, die in einem anderen Mitgliedstaat der Europäischen Union die Rechtsstellung eines langfristig Aufenthaltsberechtigten innehaben, bis zu 90 Tage innerhalb eines Zeitraums von zwölf Monaten ausgeübt werden, und
4. Tätigkeiten von Personen, die nach den §§ 23 bis 30 der Aufenthaltsverordnung vom Erfordernis eines Aufenthaltstitels befreit sind.

Zu den nach § 30 BeschV genannten Tätigkeiten im Einzelnen:

- **§ 3 BeschV Führungskräfte**
- **§ 16 BeschV Geschäftsreisende**
- **§ 5 BeschV Wissenschaft, Forschung und Entwicklung**
- **§ 14 BeschV Sonstige Beschäftigungen**
- **§ 15 BeschV Praktika zu Weiterbildungszwecken**
- **§ 17 BeschV Betriebliche Weiterbildung**
- **§ 18 BeschV Journalistinnen und Journalisten**
- **§ 19 BeschV Werklieferungsverträge**
- **§ 20 BeschV Internationaler Straßen- und Schienenverkehr**
- **§ 23 BeschV Internationale Sportveranstaltungen**
- **§ 22 BeschV Besondere Berufsgruppen**

  1. und 2. Darbietungen von besonderem wissenschaftlichem oder künstlerischem Wert

  3. Tagesdarbietungen bis zu 15 Tage im Jahr

  4. und 5. Berufssportlerinnen und Berufssportler

  6. Fotomodelle, Werbetypen, Mannequins oder Dressmen

  7. Reiseleiterinnen und Reiseleiter

  8. Dolmetscherinnen und Dolmetscher

Wichtig für Sie in diesem Zusammenhang ist, dass Sie die Zeiträume genau betrachten und bei Ihrer Beurteilung exakt sein müssen.

Drei Zeiträume gibt es zu unterscheiden:

1. Bis zu 90 Tage in 180 Tagen
2. Bis zu 90 Tage in 12 Monaten
3. Bis zu 15 Tage im Jahr

Bei der Sachverhaltsbeurteilung müssen Sie neben der allgemeinen Fristenberechnung auch eine Fristenberechnung im Rahmen der Erwerbstätigkeit veranlassen.

Kommen Drittstaatsangehörige über die zulässigen Tage, dann werden diese **visumspflichtig**. Aus der Beschäftigung ohne Aufenthaltstitel wird bei Überschreitung der zulässigen Tage eine Erwerbstätigkeit i. S. d. AufenthG.

8. Schengen-Teilanwenderstaaten

INTRO-Video [Inhalt: Übung zu EU- und Schengen-Staaten]

SCAN ME

Zu den Schengen-Teilanwenderstaaten zählt aktuell Zypern.

Bulgarien und Rumänien können dem Schengen-Raum beitreten. Einen entsprechenden Beschluss haben die EU-Mitgliedstaaten am 30.12.2023 gefasst. Zuerst werden ab Ende März 2024 die Kontrollen an den Luft- und Seegrenzen aufgehoben. Die Beratungen über einen weiteren Beschluss zur Aufhebung der Kontrollen an den Landgrenzen werden 2024 fortgesetzt.

Kommissionspräsidentin Ursula von der Leyen begrüßte die Entscheidung als historischen Moment für Bulgarien und Rumänien und betonte: „Dies ist für beide Länder und für den Schengen-Raum insgesamt ein wichtiger Schritt nach vorn. Meine Glückwünsche an Bulgarien und Rumänien: Diese große Errungenschaft ist das Ergebnis Ihrer harten Arbeit, Ihres Engagements und Ihrer Beharrlichkeit. Dank Ihnen wir der Schengen-Raum zum Nutzen aller EU-Bürgerinnen und -Bürger noch stärker werden.“[25]

25 Abrufbar unter: https://germany.representation.ec.europa.eu/news/bulgarien-und-rumanien-treten-schengen-raum-bei-freizugigkeit-gilt-zunachst-auf-luft-und-seeweg-2024-01-03_de#:~:text=Rum%C3%A4nien%20und%20Bulgarien%20k%C3%B6nnen%20dem,den%20Luft%2D%20und%20Seegrenzen%20aufgehoben.

Aufgrund des Zypernkonfliktes[26] wird **Zypern** vorerst Teilanwender bleiben.

Demnach müssen Sie folgende Punkte in Bezug auf einen Teilanwender beachten:

- Die EU-Binnengrenzen eines solchen Staates sind als Schengen-Außengrenzen zu betrachten und müssen auch nach den einheitlichen Regelungen kontrolliert werden.
- Ausgestellte Aufenthaltstitel, i. S. d. Schengen-Rechts (Art. 2 Nr. 16 SGK), eines Teilanwenderstaates entfalten nicht die gleichen Rechte, wie die Aufenthaltstitel, welche von einem Vollanwenderstaat ausgestellt werden. Ausgenommen hiervon, sind die Aufenthaltskarte für Familienangehörige eines Unions-, EWR-Bürgers, die Daueraufenthaltskarte für diese Familienangehörigen sowie eine Aufenthaltserlaubnis für Familienangehörige eines Schweizer Staatsangehörigen.
- Aufenthaltstitel für den langfristigen Aufenthalt oder ein nationales Visum von Zypern begründen lediglich ein sogenanntes **Durchreiserecht** nach Art. 6 V a SGK.
- Ein Aufenthalt, auch wenn nur kurzfristig, **kann nicht** auf Art. 21 I oder Art. 21 II a SDÜ begründet werden.
- Ausgestellte Visa für den kurzfristigen Aufenthalt werden zwar auf dem einheitlichen Muster ausgestellt, sind aber **nur im Ausstellerstaat** gültig.

26 Die Republik Zypern ist seit dem 1. Mai 2004 EU-Mitglied. Die Insel ist zwar seit 1974 de facto geteilt, der türkische Norden jedoch lediglich von der Türkei als eigenständiger Staat anerkannt. Völkerrechtlich umfasst die Republik Zypern die ganze Insel, der zyprische Staat kann jedoch im Norden sein Recht und damit auch das EU-Recht nicht ausüben. Hauptstadt ist Nikosia (griech. Lefkosía/türk. Lefkosa) – die Stadt wurde 1964 von der UN-Friedensmission in einen griechischen Süd- und einen türkischen Nordteil gespalten. Quelle: https://www.bpb.de/internationales/europa/tuerkei/185876/der-zypern konflikt (zuletzt abgerufen am 29. Dezember 2020).

9. Ausländerrechtliche Maßnahmen

Die für Sie – in der Ausbildung – relevanten ausländerrechtlichen Maßnahmen sind

- die Einreiseverweigerung
- die Zurückschiebung
- die Abschiebung

Aber auch die Visumsannullierung und -aufhebung, die Erteilung eines Ausnahmevisums und die Erteilung eines Notreiseausweises sind in Ihrem Ausbildungsplan enthalten.

Die nachfolgenden Erläuterungen sollen nur überblicksartig erfolgen. Wir verzichten bewusst auf eine tiefgreifende Darstellung.

9.1 Einreiseverweigerung

Die Maßnahme **Einreiseverweigerung (= Zurückweisung)** finden Sie im SGK. Dies bedeutet, dass alle Schengen-Staaten diese Maßnahme anwenden. Da Art. 14 SGK jedoch nur bestimmt, unter welchen Voraussetzungen einem Drittstaatsangehörigen die Einreise zu verweigern ist, wird ergänzend § 15 IV–VI AufenthG zur Sicherung der Einreiseverweigerung angewendet.

§ 15 AufenthG (Zurückweisung) ist die nationale Parallelvorschrift zur Einreiseverweigerung nach Art. 14 SGK, wurde aber durch diesen verdrängt und hat somit als nationale Befugnis keine Geltung mehr (Vorrang der EU-Verordnung).

Vergleicht man § 15 I und II AufenthG, sind diese identisch mit dem Nichterfüllen der Einreisevoraussetzungen des Art. 6 I SGK.

Anwendbar geblieben sind jedoch § 15 IV–VI AufenthG. Hier geht es um die Beachtung etwaiger Zurückweisungshindernisse, die Zulässigkeit einer Haft zur Sicherung der Zurückweisung/Einreiseverweigerung und die sog. Transitunterbringung zur Sicherung der Zurückweisung/Einreiseverweigerung.

Wie der Begriff Einreiseverweigerung bereits aussagt, geht es darum, einem Drittstaatsangehörigen die Einreise in den Schengen-Raum zu verweigern.

Diese Maßnahme findet demnach nur an den **Schengen-Außengrenzen** Anwendung und in der Regel bei Drittstaatsangehörigen, die einen **Kurzaufenthalt** im Schengen-Raum anstreben.

> **Art. 14 SGK (Einreiseverweigerung)**
>
> Einem Drittstaatsangehörigen, der nicht alle Einreisevoraussetzungen des Art. 6 I SGK erfüllt und der nicht zu dem in Art. 6 V SGK genannten Personenkreis gehört, wird die Einreise in das Hoheitsgebiet verweigert.

Die Einreiseverweigerung enthält also folgende Voraussetzungen:

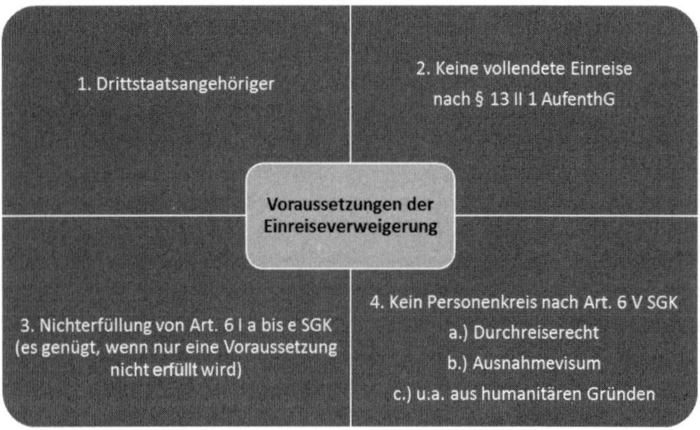

Der Grundsatz ist hier:

Erfüllt der Drittstaatsangehörige die Einreisevoraussetzungen nicht und gehört er nicht zum Personenkreis nach Art. 6 V SGK, muss die Einreise ins Hoheitsgebiet verweigert werden.

Art. 6 V a SGK: Stellt sich bei der Prüfung der Voraussetzungen zur Einreiseverweigerung jedoch heraus, dass der Drittstaatsangehörige einem Personenkreis nach Art. 6 V SGK angehört, muss ihm die Einreise zur Durchreise zwingend gestattet werden, wenn der Drittstaatsangehörige unter Art. 6 V a SGK fällt; er also ein Drittstaatsangehöriger ist, der Inhaber eines Aufenthaltstitels ist, welcher von einem Schengen-Mitgliedsstaat ausgestellt wurde.

BEISPIEL:

Ein ukrainischer Staatsbürger kommt am Flughafen Hamburg zur Einreise. Bei der Kontrolle wird festgestellt, dass der ukrainische Reisepass seit 3 Tagen abgelaufen ist. Weiterhin verfügt die Person über einen gültigen Aufenthaltstitel von Schweden und möchte noch am selben Tag nach Schweden reisen.

Art. 6 V b SGK: Hier geht es um die Erteilung eines sogenannten Ausnahmevisums nach den Voraussetzungen der Art. 35 und 36 VK, also für Drittstaatsangehörige, die aus unvorhersehbaren zwingenden Gründen nicht das reguläre Visumsverfahren einhalten konnten.

Dieser Personenkreis muss persönlich vorstellig werden und die restlichen Einreisevoraussetzungen Art. 6 I a, c, d und e SGK erfüllen.

BEISPIEL:

Ein türkischer Staatsangehöriger wird zur Einreise am Flughafen Hamburg vorstellig. Die Person kann einen gültigen türkischen Reisepass vorlegen sowie eine Bescheinigung eines Krankenhauses, dass sein Vater im Sterben liegt. Er verfügt über ausreichend finanzielle Mittel, eine Hotelbuchung sowie über ein reserviertes Rückflugticket. Geplanter Rückflug ist in 10 Tagen. Weiterhin verläuft eine fahndungstechnische Überprüfung negativ.

Art. 6 V c SGK: Diese Vorschrift ermöglicht auch die Einreise für Drittstaatsangehörige, die mehr als nur eine Einreisevoraussetzung nicht erfüllen, aus humanitären Gründen, aufgrund nationalen Interesses oder aufgrund internationaler Verpflichtungen.

BEISPIEL:

Ein bosnischer Staatsangehöriger wird zur Einreise am Flughafen München vorstellig. Bei der Überprüfung legt die Person eine Sterbeurkunde des Vaters vor, führt ausreichend finanzielle Mittel mit sich und gibt an, für drei Tage bei seiner Schwester unterzukommen. Ein Rückflugticket kann die Person auch vorlegen. Bei der fahndungsmäßigen Abfrage wird festgestellt, dass die Person von Schweden im SIS zur Einreiseverweigerung wegen illegaler Beschäftigung in Schweden und der daraus resultierenden Abschiebung ausgeschrieben ist.

Im Gegensatz zu Art. 6 V a SGK handelt es sich bei Art. 6 V b und c SGK um eine sog. „**Kann-Vorschrift**". Demnach kann nach pflichtgemäßem Ermessen die Einreise gestattet werden, d. h. es ist das private Interesse des Drittstaatsangehörigen mit dem öffentlichen Interesse (Abwehr eventueller Gefahren, Garantenstellung gegenüber den anderen Schengen-Staaten) abzuwägen.

Weiterhin muss einem Drittstaatsangehörigen die Einreise gestattet werden, wenn

- ein Zurückweisungshindernis gemäß § 15 IV 1 AufenthG (Abschiebungsverbote gemäß § 60 I–III, V, VII–IX AufenthG) vorliegt,
- er gemäß § 15 IV 2 AufenthG Inhaber einer Aufenthaltsgestattung im Asylverfahren gemäß § 55 AsylG ist oder
- er gemäß Art. 14 I 2 SGK ein Schutzersuchen/Asylantrag bei der Einreise stellt.

Grundsätzlich erfolgt die Einreiseverweigerung in den Staat, aus dem die Person versucht einzureisen.

BEISPIEL:

Ein costa-ricanischer Staatsbürger kommt mit einem Flug aus den USA und wird am Flughafen Hamburg zur Einreise vorstellig. Bei der Überprüfung der Einreisevoraussetzungen wird festgestellt, dass die Person eine SIS-Ausschreibung zur Einreiseverweigerung hat. Die Person wird nun wieder in die USA zurückgeschickt.

Jedoch ist es auch möglich,

- die Person in den Staat zurückzuschicken, dessen Staatsangehörigkeit die Person besitzt,
- in einen Staat, in dem die Person ihren gewöhnlichen Aufenthalt hat,
- in den Staat, der seinen Pass oder Passersatz ausgestellt hat oder
- in einen Staat, in den die Person erlaubt einreisen darf.

Wird einem Drittstaatsangehörigen die Einreise ins Hoheitsgebiet verweigert, ist diesem ein Einreiseverweigerungsformular auszuhändigen und die ausländerrechtliche Maßnahme in seinem Pass kenntlich zu machen.

9.2 Zurückschiebung/Abschiebung

Bei der **Zurückschiebung** (§ 57 AufenthG) und der **Abschiebung** (§ 58 AufenthG) handelt es sich um aufenthaltsbeendende Maßnahmen, d. h. der Drittstaatsangehörige ist vollendet eingereist und hält sich somit im Bundesgebiet auf. Durch die beiden Maßnahmen soll die vollziehbare Ausreisepflicht durchgesetzt werden.

Maßnahme	Zurückweisung	Zurückschiebung/Abschiebung
Zielrichtung	Gefahrenabwehr vor erfolgter Einreise	Aufenthaltsbeendigung bzw. Durchsetzung der Ausreisepflicht

Vorrang vor der Zurück- oder Abschiebung hat die freiwillige Ausreise der Person unter Setzen einer Ausreisefrist von 7 bis 30 Tagen (siehe dazu § 59 I 1 AufenthG). Beide Maßnahmen (Zurück- und Abschiebung) sind Maßnahmen der Verwaltungsvollstreckung (Zwangsmaßnahmen) und kommen somit nur in Betracht, wenn die Ausreise nicht freiwillig erfolgt oder diese aus Gründen der öffentlichen Sicherheit überwacht werden muss.

Wichtig im Zusammenhang mit der Zurückschiebung und Abschiebung ist die Zuständigkeit nach § 71 III AufenthG, da diese bereits Voraussetzungen für die Maßnahmen enthält.

§ 71 AufenthG (Zurückschiebung) – Hervorhebungen durch die Verfasser

[...]

(3) Die mit der polizeilichen Kontrolle des grenzüberschreitenden Verkehrs beauftragten Behörden sind zuständig für

1. die **Zurückweisung** und die **Zurückschiebung an der Grenze**, einschließlich der Überstellung von Drittstaatsangehörigen auf Grundlage der Verordnung (EU) Nr. 604/2013, wenn der Ausländer von der Grenzbehörde im grenznahen Raum in **unmittelbarem zeitlichem Zusammenhang** mit einer unerlaubten Einreise angetroffen wird,

1a. **Abschiebungen an der Grenze**, sofern der Ausländer **bei oder nach** der unerlaubten Einreise über eine Grenze im Sinne des Artikels 2 Nummer 1 der Verordnung (EU) 2016/399 (Binnengrenze) aufgegriffen wird,

1b. **Abschiebungen an der Grenze**, sofern der Ausländer bereits unerlaubt eingereist ist, sich danach weiter fortbewegt hat und in einem anderen **Grenzraum** oder auf einem als Grenzübergangsstelle zugelassenen oder nicht zugelassenen Flughafen, Flug- oder Landeplatz oder See- oder Binnenhafen **aufgegriffen** wird, [...]

Betrachten Sie die Zuständigkeit näher, finden Sie immer einen Bezug zu den Begrifflichkeiten

- grenznaher Raum
- in unmittelbarem zeitlichem Zusammenhang
- mit einer unerlaubten Einreise

Damit die Bundespolizei diese Maßnahmen treffen kann, darf noch keine Aufenthaltsverfestigung stattgefunden haben. Hiervon spricht man, wenn sich der Drittstaatsangehörige noch im Einreisevorgang befindet und seinen eigentlichen Zielort noch nicht erreicht hat.

BEISPIEL:

Ein irakischer Staatsangehöriger reist von Österreich nach Deutschland über einen Wanderweg ein. Kurze Zeit später wird er von einer Streife der BPOL aufgegriffen. Er gibt an, nach München zu wollen, da dort Bekannte von ihm leben.

9.2.1 Zurückschiebung

An der Schengen-Außengrenze

Die Zurückschiebung an der Außengrenze richtet sich nach § 57 I AufenthG.

Vorbemerkung:

Aufgrund der Schengen-Entwicklungen sind alle deutschen Landgrenzen mittlerweile Binnengrenzen, sodass eine Zurückschiebung nach § 57 I AufenthG hier nicht mehr in Betracht kommt. Die Norm kann in Deutschland nur noch angewendet werden, wenn eine unerlaubte Einreise über die Luft- und/oder Seeaußengrenzen stattfindet – etwa, wenn die betroffene Person aus dem Transitbereich eines Flughafens entweicht oder sich in einem Seehafen von Bord eines Schiffes schleicht – und unmittelbar danach aufgegriffen wird.

Die sachliche Zuständigkeit der BPOL ergibt sich bei dieser Maßnahme aus folgender §§-Kette:

- §§ 1 II, 2 II Nr. 3 BPolG i. V. m. § 71 II Nr. 1 AufenthG

[Hinweis: Bitte beachten Sie, dass sich das BPolG ggf. im Jahr 2024 aufgrund gesetzgeberischer Aktivitäten ändern wird. Dann wären auch die o.g. Rechtsgrundlagen anzupassen.]

§ 57 AufenthG (Zurückschiebung)

(1) Ein Ausländer, der in Verbindung mit der unerlaubten Einreise über eine Grenze im Sinne des Artikels 2 Nummer 2 der Verordnung (EU) 2016/399 (Außengrenze) aufgegriffen wird, soll zurückgeschoben werden. [...]

Voraussetzungen (TBM) im Überblick

1. TBM	Ausländer (§ 2 I AufenthG)
2. TBM	Unerlaubte Einreise im Sinne des § 14 I AufenthG
3. TBM	Außengrenze i. S. d. SGK (Schengen-Außengrenze nach Art. 2 Nr. 2 SGK)
4. TBM	Aufgriff (Feststellung) im Zusammenhang mit der unerlaubten Einreise
5. TBM	Ausreisepflicht (§ 50 I AufenthG)

6. TBM	Vollziehbarkeit der Ausreisepflicht (§ 58 II AufenthG)
7. TBM	Keine Zurückschiebungshindernisse (§ 57 III AufenthG)

BEISPIEL:

Ein russischer Staatsangehöriger reist mit gültigem Reisepass und totalgefälschtem Visum mit dem Flug Moskau – Hamburg unerlaubt ein. Die Fälschung wird bei der Einreisekontrolle nicht entdeckt. Kurze Zeit später wird er bei einer Befragung durch Bundespolizisten im öffentlichen Bereich des Flughafens festgestellt.

Zu 1.) AUSLÄNDER (§ 2 I AufenthG)

Gemäß § 2 I AufenthG ist jede Person Ausländer, welche nicht die deutsche Staatsangehörigkeit i. S. d. Art. 116 I GG besitzt.

(Da jedoch das AufenthG nicht auf alle Ausländer anwendbar ist, sind hier wieder Drittstaatsangehörige gemeint. Auf EU-, EWR-Bürger und deren Familienangehörigen ist das AufenthG grundsätzlich nicht anwendbar, soweit durch Gesetz nichts anderes bestimmt ist. § 1 II AufenthG. Gleiches gilt für Staatsangehörige der Schweiz und deren Familienangehörige.)

Zu 2.) UNERLAUBTE EINREISE (§ 14 I AufenthG)

Die unerlaubte Einreise wird in § 14 I AufenthG definiert und begründet die vollziehbare Ausreisepflicht gemäß § 58 II Nr. 1 AufenthG. Die vollziehbare Ausreisepflicht bildet wiederum die Grundlage sowohl für eine Zurückschiebung als auch für eine Abschiebung.

Unerlaubt ist diese Einreise …

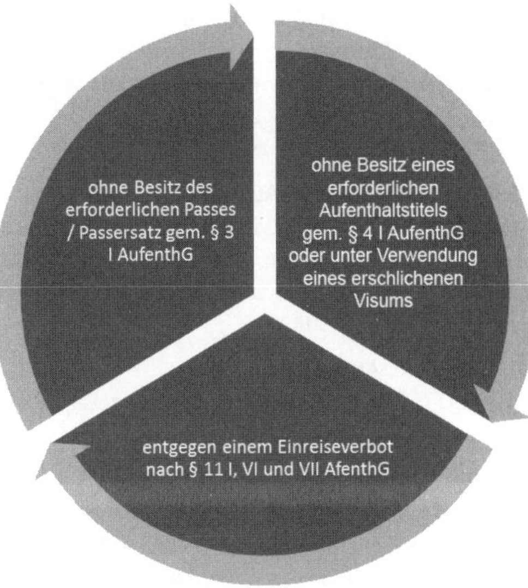

Zu 3.) AUSSENGRENZE

Gemäß Art. 2 Nr. 2 SGK handelt es sich bei Außengrenzen um die Landesgrenzen der Mitgliedsstaaten, einschließlich der Fluss- und Binnenseegrenzen, der Seegrenzen und der Flughäfen sowie der Flussschifffahrts-, See- und Binnenseehäfen, soweit sie nicht Binnengrenzen sind.

Zu 4.) AUFGRIFF IM ZUSAMMENHANG MIT DER UNERLAUBTEN EINREISE

Der Ausländer muss i. V. m. der unerlaubten Einreise aufgegriffen worden sein. Darunter ist das Antreffen und die Ingewahrsamnahme einer Person durch die Behörde zu verstehen. Zudem muss ein enger zeitlicher und räumlicher Zusammenhang zwischen der unerlaubten Einreise und dem Aufgreifen bestehen.

Als Vollstreckungsmaßnahme setzt die Zurückschiebung als ungeschriebenes Tatbestandsmerkmal eine vollziehbare Ausreisepflicht voraus (siehe 5. und 6. TBM). Das wirkt sich insbesondere in den Fällen einer Einreise ohne den erforderlichen Pass, aber mit einem gültigen Aufenthaltstitel aus. In solchen Fällen ist die Einreise nach § 14 I AufenthG zwar unerlaubt, es besteht aber nach § 50 I AufenthG keine Ausreisepflicht.

Zu 5.) AUSREISEPFLICHT (§ 50 I AufenthG)

Ein Ausländer ist zur Ausreise verpflichtet, wenn er einen erforderlichen Aufenthaltstitel nicht oder nicht mehr besitzt und ein Aufenthaltsrecht nach dem Assoziationsabkommen EWG/Türkei nicht oder nicht mehr besteht.

Zu 6.) VOLLZIEHBARE AUSREISEPFLICHT

Die Vollziehbarkeit der Ausreisepflicht ist geregelt in § 58 II AufenthG.

> **§ 58 AufenthG**
>
> [...]
>
> (2) Die Ausreisepflicht ist vollziehbar, wenn der Ausländer
>
> 1. unerlaubt eingereist ist,
> 2. noch nicht die erstmalige Erteilung des erforderlichen Aufenthaltstitels oder noch nicht die Verlängerung beantragt hat oder trotz erfolgter Antragstellung der Aufenthalt nicht nach § 81 Abs. 3 als erlaubt oder der Aufenthaltstitel nach § 81 Abs. 4 nicht als fortbestehend gilt oder
> 3. auf Grund einer Rückführungsentscheidung eines anderen Mitgliedstaates der Europäischen Union gemäß Artikel 3 der Richtlinie 2001/40/EG des Rates vom 28. Mai 2001 über die gegenseitige Anerkennung von Entscheidungen über die Rückführung von Drittstaatsangehörigen (ABl. EG Nr. L 149 S. 34) ausreisepflichtig wird, sofern diese von der zuständigen Behörde anerkannt wird. [...]

Die aus Sicht der Verfasser wichtigste Variante ist der § 58 II Nr. 1 AufenthG. Der Vollständigkeit halber sollte man jedoch unbedingt den kompletten § 58 II AufenthG lesen!

§ 58 II Nr. 1 AufenthG: Die Ausreisepflicht ist vollziehbar, wenn der Ausländer unerlaubt eingereist ist. Die unerlaubte Einreise selbst wird in § 14 I AufenthG definiert. Die Ausreisepflicht nach § 50 I AufenthG wird begründet, wenn der Ausländer einen erforderlichen Aufenthaltstitel nicht oder nicht mehr besitzt. Demzufolge ist hier insbesondere der § 14 I Nr. 2 AufenthG relevant (… den nach § 4 erforderlichen Aufenthaltstitel nicht besitzt, …).

Weiterhin wird zum Gesamtverständnis noch der § 50 I AufenthG benötigt, der die Ausreisepflicht regelt:

§ 50 AufenthG (Ausreisepflicht)

(1) Ein Ausländer ist zur Ausreise verpflichtet, wenn er einen erforderlichen Aufenthaltstitel nicht oder nicht mehr besitzt und ein Aufenthaltsrecht nach dem Assoziationsabkommen EWG/Türkei nicht oder nicht mehr besteht. […]

Betrachtet man nun die Ausreisepflicht nach § 50 I AufenthG, so kann man feststellen, dass es um das Nichtbesitzen eines erforderlichen Aufenthaltstitels geht.

Im nächsten Schritt muss demnach die Vollziehbarkeit der Ausreisepflicht festgestellt werden. Dazu wird dann § 58 II AufenthG benötigt.

Wie bereits oben beim Punkt UNERLAUBTE EINREISE – § 14 I AufenthG aufgezeigt, ist die Einreise eines Ausländers unerlaubt, wenn die Person gemäß § 14 I Nr. 2 AufenthG einen nach § 4 erforderlichen Aufenthaltstitel nicht besitzt.

Fazit:

Eine unerlaubte Einreise führt nur dann zu einer vollziehbaren Ausreisepflicht, wenn die betroffene Person ohne erforderlichen Aufenthaltstitel eingereist ist (§ 14 I Nr. 2 AufenthG) oder mit einem Visum, das mit Wirkung für die Vergangenheit zurückgenommen oder annulliert wurde (§ 14 I Nr. 2a AufenthG). Ist hingegen die betroffene Person, die über einen gültigen Aufenthaltstitel verfügt, lediglich deshalb unerlaubt eingereist, weil sie keinen gültigen Pass besitzt (§ 14 I Nr. 1 AufenthG) oder eine Wiedereinreisesperre gemäß § 11 I S. 1 AufenthG besteht (§ 14 I S. 3 AufenthG), ist diese nicht ausreisepflichtig und kann nicht zurückgeschoben werden.

Zu 7.) KEINE HINDERNISSE (§ 57 III AufenthG)

Auf Grund der ausdrücklichen Verweisung in Abs. 3 sind im Falle einer Zurückschiebung die Beschränkungen der § 59 VIII, § 60 I-V und VII-IX, §§ 62 und 62a anzuwenden.

Hinweis: Lesen Sie hierzu die relevanten §§ nach. Aus Sicht der Verfasser muss insbesondere der § 60 AufenthG gedanklich nachvollzogen werden. Allerdings sollte der Klausurersteller im Sachverhalt explizit darauf hinweisen, wenn hier ggf. Zurückschiebungshindernisse geprüft werden sollen.

Abschließende Anmerkung zum Zielstaat:

Zielstaat der Zurückschiebung ist grundsätzlich der Staat, dessen Staatsangehörigkeit der Drittstaatsangehörige besitzt.

Rückübernahmeabkommen

Im Absatz II des § 57 AufenthG finden sich zwei weitere Möglichkeiten der Zurückschiebung.

> **§ 57 AufenthG (Zurückschiebung)**
>
> [...]
>
> (2) Ein vollziehbar ausreisepflichtiger Ausländer, der durch einen anderen Mitgliedstaat der Europäischen Union, Norwegen oder die Schweiz auf Grund einer am 13. Januar 2009 geltenden zwischenstaatlichen Übernahmevereinbarung wieder aufgenommen wird, soll in diesen Staat zurückgeschoben werden; Gleiches gilt, wenn der Ausländer von der Grenzbehörde im grenznahen Raum in unmittelbarem zeitlichen Zusammenhang mit einer unerlaubten Einreise angetroffen wird und Anhaltspunkte dafür vorliegen, dass ein anderer Staat auf Grund von Rechtsvorschriften der Europäischen Union oder eines völkerrechtlichen Vertrages für die Durchführung des Asylverfahrens zuständig ist und ein Auf- oder Wiederaufnahmeverfahren eingeleitet wird.

§ 57 II AufenthG – Zwei Alternativen der Zurückschiebung	
Alternative 1: Bilaterale Rückübernahmeabkommen	Alternative 2: Auf- und Wiederaufnahmeverfahren nach Rechtsvorschriften der EU (Dublin III-VO)

ALTERNATIVE 1 – bilaterale Rückübernahmeabkommen:
Sog. Aufgriff an der Schengen-Binnengrenze, wird auch als Intra-Schengen-Zurückschiebung bezeichnet.

Die sachliche Zuständigkeit der BPOL ergibt sich bei dieser Maßnahme aus folgender §§-Kette:

- §§ 1 II, 2 II Nr. 3 BPolG i. V. m. § 71 III Nr. 1 AufenthG

[Hinweis: Bitte beachten Sie, dass sich das BPolG ggf. im Jahr 2024 aufgrund gesetzgeberischer Aktivitäten ändern wird. Dann wären auch die o. g. Rechtsgrundlagen entsprechend der aktuellen Rechtslage anzupassen.]

Der Drittstaatsangehörige wird in den Staat zurückgeschoben,

- aus dem er unerlaubt nach Deutschland eingereist ist,
- mit diesem Staat ein **bilaterales Rückübernahmeabkommen** besteht
- und er dort wieder aufgenommen wird.

Dieses o. g. Abkommen muss zwischen Deutschland und anderen Staaten vor dem 13. Januar 2009 bestanden haben.

BEISPIEL:

Ein chinesischer Staatsangehöriger reist von Prag/Tschechien aus kommend unerlaubt in das Bundesgebiet ein.

TBM im Überblick:

1. TBM: Ausländer (§ 2 Abs. 1 AufenthG)
2. TBM: Aufgriff im grenznahen Raum
3. TBM: Ausreisepflicht (§ 50 Abs. 1 AufenthG)
4. TBM: Vollziehbarkeit der Ausreisepflicht (§ 58 Abs. 2 AufenthG) zwischenstaatliche (bilaterale) Übernahmevereinbarung

1. TBM: Ausländer (§ 2 I AufenthG)

Definition: Gemäß § 2 I AufenthG ist jede Person Ausländer, welche nicht die deutsche Staatsangehörigkeit i. S. d. Art. 116 I GG besitzt.

(Da jedoch das AufenthG nicht auf alle Ausländer anwendbar ist, sind hier wieder Drittstaatsangehörige gemeint. Auf EU-, EWR-Bürger und deren Familienangehörigen ist das AufenthG grundsätzlich nicht anwendbar, soweit durch Gesetz nichts anderes bestimmt ist. § 1 II AufenthG. Gleiches gilt für Staatsangehörige der Schweiz und deren Familienangehörige.)

Hinweis für die Klausur: *Hier ist ein Verweis zu 1.1 im Schema möglich, sofern der 1.1 bereits Bestandteil der schriftlichen Ausführungen war.*

2. TBM: Aufgriff im grenznahen Raum

Definition: Der Ausländer wird von der Grenzbehörde im grenznahen Raum in unmittelbarem zeitlichem Zusammenhang mit einer (unerlaubten) Einreise angetroffen.

Hinweis: Die Unerlaubtheit der Einreise wird erst bei den weiteren TBM geprüft.

3. TBM: Ausreisepflicht (§ 50 I AufenthG)

Definition: Ein Ausländer ist zur Ausreise verpflichtet, wenn er einen erforderlichen Aufenthaltstitel nicht oder nicht mehr besitzt und ein Aufenthaltsrecht nach dem Assoziationsabkommen EWG/Türkei nicht oder nicht mehr besteht.

Hinweis: Ausreisepflichtig ist aber nicht, wer ohne einen erforderlichen Pass oder Passersatz, also unerlaubt eingereist ist (§ 14 I Nr. 1 AufenthG), aber einen Aufenthaltstitel i. S. v. § 4 AufenthG oder ein sonstiges Aufenthaltsrecht besitzt

4. TBM: Vollziehbarkeit der Ausreisepflicht (§ 58 II AufenthG)

Die aus Sicht der Verfasser wichtigste Variante für die BPOL ist der § 58 II Nr. 1 AufenthG. Der Vollständigkeit halber sollte man jedoch unbedingt den kompletten § 58 II AufenthG lesen.

§ 58 II Nr. 1 AufenthG:

Die Ausreisepflicht ist vollziehbar, wenn der Ausländer unerlaubt eingereist ist. Die unerlaubte Einreise wird in § 14 I AufenthG definiert. Wichtig ist, dass hier ein Zusammenhang mit dem 2. TBM hergestellt wird, denn die Ausreisepflicht nach § 50 I AufenthG wird begründet, wenn der Ausländer einen erforderlichen Aufenthaltstitel nicht oder nicht mehr besitzt. Demzufolge ist hier insbesondere der § 14 I Nr. 2 AufenthG relevant (... den nach § 4 erforderlichen Aufenthaltstitel nicht besitzt, ...).

Fazit:
Eine unerlaubte Einreise führt nur dann zu einer vollziehbaren Ausreisepflicht, wenn die betroffene Person ohne erforderlichen Aufenthaltstitel eingereist ist (§ 14 I Nr. 2 AufenthG) oder mit einem Visum, das mit Wirkung für die Vergangenheit zurückgenommen oder annulliert wurde (§ 14 I Nr. 2a AufenthG). Ist hingegen die betroffene Person, die über einen gültigen Aufenthaltstitel verfügt, lediglich deshalb unerlaubt eingereist, weil sie keinen gültigen Pass besitzt (§ 14 I Nr. 1 AufenthG) oder eine Wiedereinreisesperre gemäß § 11 I S. 1 AufenthG besteht (§ 14 I S. 3 AufenthG), ist diese nicht ausreisepflichtig und kann nicht zurückgeschoben werden.

5. TBM: Zwischenstaatliche (bilaterale) Übernahmevereinbarung

Definition: Der Drittstaatsangehörige wird in den Staat zurückgeschoben,

- aus dem er unerlaubt nach Deutschland eingereist ist,
- mit diesem Staat ein bilaterales Rückübernahmeabkommen besteht
- und er dort wieder aufgenommen wird (sog. verbindliche Erklärung der Bereitschaft zur Wiederaufnahme).

Dieses o. g. Abkommen muss zwischen Deutschland und anderen Staaten vor dem 13. Januar 2009 bestanden haben. Niemand wird von Ihnen verlangen können, alle diese Abkommen auswendig zu beherrschen, aber man sollte wissen, dass Deutschland mit allen Anrainerstaaten solche Abkommen hat! Solche bilateralen Rückübernahmeabkommen bestehen mit folgenden Staaten:

- Belgien
- Bulgarien
- Dänemark

- Estland
- Frankreich
- Lettland
- Litauen
- Luxemburg
- Niederlande
- Norwegen
- Österreich
- Polen
- Rumänien
- Schweden
- Schweiz
- Slowakei
- Tschechien
- Ungarn

Das Abkommen zwischen der Regierung der Bundesrepublik Deutschland und der Regierung der Tschechischen Republik über die Rückübernahme von Personen an der gemeinsamen Staatsgrenze (Rückübernahmeabkommen) sowie das Protokoll zur Durchführung des Abkommens vom 3. November 1994 finden Sie beispielsweise unter dem Link:

https://www.bgbl.de/xaver/bgbl/start.xav?start=%2F%2F*%5B%40attr_id%3D%27bgbl295s0133b.pdf%27%5D#__bgbl__%2F%2F*%5B%40attr_id%3D%27bgbl295s0133b.pdf%27%5D__1675242066301

(Bundesgesetzblatt Teil II 1995, Nr.5 vom 8.2.1995).

Das Abkommen zwischen Deutschland und Polen finden Sie unter dem Link:

https://www.bgbl.de/xaver/bgbl/start.xav?start=%2F%2F*%5B%40attr_id%3D%27bgbl297s1734.pdf%27%5D#__bgbl__%2F%2F*%5B%40attr_id%3D%27bgbl297s1734.pdf%27%5D__1675246026546

(Bundesgesetzblatt Teil II 1997, Nr.41 vom 10.10.1997).

Wird eine Übernahme ggf. abgelehnt und findet kein anderes Rückübernahmeabkommen Anwendung, so käme eine Abschiebung in einen Drittstaat in Betracht.

ALTERNATIVE 2 – Auf- und Wiederaufnahmeverfahren nach Rechtsvorschriften der EU (Dublin III-VO):

Vorbemerkung:

Die Vorschrift trifft nur Personen, die in einem anderen Dublin-Staat bereits einen Asylantrag gestellt haben (Wiederaufnahmeverfahren bei sog. Aufgriffsfällen) oder in dem zuständigen (anderen) Dublin-Staat einen Asylantrag stellen wollen (Aufnahmeverfahren) und auch nach ihrem Aufgreifen kein Asylgesuch an die Bundesrepublik richten.

Die sachliche Zuständigkeit der BPOL ergibt sich bei dieser Maßnahme aus folgender §§-Kette:

- §§ 1 II, 2 II Nr. 3 BPolG i. V. m. § 71 III Nr. 1 AufenthG

Der Drittstaatsangehörige wird bei dieser Alternative in den Staat zurückgeschoben, der für das Asylverfahren nach der Dublin III-VO zuständig ist, und wenn ein Wiederaufnahmeverfahren mit dem zuständigen Dublin-Staat eingeleitet wird. Für die Zuständigkeit im Asylverfahren müssen jedoch Anhaltspunkte vorliegen.

Zu den Dublin-Staaten zählen alle EU-Staaten, Island, Liechtenstein, Norwegen und die Schweiz.

TBM im Überblick:

1. TBM: Ausländer (§ 2 I AufenthG)
2. TBM: Aufgriff im grenznahen Raum
3. TBM: Unerlaubte Einreise (§ 14 I AufenthG)
4. TBM: Kein Schutzersuchen (in Deutschland)
5. TBM: Dublin Zuständigkeit eines anderen Staates

1. TBM: Ausländer (§ 2 I AufenthG)

Definition: Gemäß § 2 I AufenthG ist jede Person Ausländer, welche nicht die deutsche Staatsangehörigkeit i. S. d. Art. 116 I GG besitzt.

(Da jedoch das AufenthG nicht auf alle Ausländer anwendbar ist, sind hier wieder Drittstaatsangehörige gemeint. Auf EU-, EWR-Bürger und deren Familienangehörigen ist das AufenthG grundsätzlich nicht anwendbar, soweit durch Gesetz nichts anderes bestimmt ist. § 1 II AufenthG. Gleiches gilt für Staatsangehörige der Schweiz und deren Familienangehörige.)

Hinweis für die Klausur: Hier ist ein Verweis zu 1.1 im Schema möglich, sofern der 1.1 bereits Bestandteil der schriftlichen Ausführungen war.

2. TBM: Aufgriff im grenznahen Raum

Definition: Der Ausländer wird von der Grenzbehörde im grenznahen Raum in unmittelbarem zeitlichem Zusammenhang mit einer (unerlaubten) Einreise angetroffen. Der Betreffende muss also gleich nach der Einreise im grenznahen Raum aufgegriffen worden sein.

Hinweis: Die Unerlaubtheit der Einreise wird erst bei den weiteren TBM geprüft.

3. TBM: Unerlaubte Einreise (§ 14 I AufenthG)

Die Definition geht unmittelbar aus § 14 I AufenthG hervor.

Die Einreise eines Ausländers in das Bundesgebiet ist unerlaubt, wenn er

1. einen erforderlichen Pass oder Passersatz gemäß § 3 Abs. 1 nicht besitzt,
2. den nach § 4 erforderlichen Aufenthaltstitel nicht besitzt,

2a. zwar ein nach § 4 erforderliches Visum bei Einreise besitzt, dieses aber durch Drohung, Bestechung oder Kollusion erwirkt oder durch unrichtige oder unvollständige Angaben erschlichen wurde und deshalb mit Wirkung für die Vergangenheit zurückgenommen oder annulliert wird, oder

3. nach § 11 Absatz 1, 6 oder 7 nicht einreisen darf, es sei denn, er besitzt eine Betretenserlaubnis nach § 11 Absatz 8.

4. TBM: Kein Schutzersuchen (in Deutschland)

Der Ausländer stellt gegenüber den handelnden Beamten der BPOL kein Schutzersuchen in Deutschland.

Beachte: Für Ausländer, die in Deutschland ein Schutzersuchen stellen, hat das Asylgesetz – AsylG – Vorrang vor dem AufenthG. Hier würde dann § 18 III AsylG gelten. Der § 57 Abs.2 2. Fall AufenthG kommt daher z. B. in Betracht, wenn ein unerlaubt eingereister Ausländer, der schon in Italien einen Schutzantrag gestellt hat, aber zu seinen Familienangehörigen, die sich in Dänemark aufhalten, weiterreisen will, um dort ein Asylverfahren zu betreiben.

5. TBM: Dublin Zuständigkeit eines anderen Staates

Definition: Es müssen Anhaltspunkte (z. B. Eurodac-Treffer) dafür vorliegen, dass ein anderer Staat auf Grund von Rechtsvorschriften der Europäischen Union oder eines völkerrechtlichen Vertrages für die Durchführung des Asylverfahrens zuständig ist und ein Auf- oder Wiederaufnahmeverfahren eingeleitet wird. Der Betreffende muss daher entweder in dem möglicherweise zuständigen Staat bereits einen Asylantrag gestellt haben oder zum Ausdruck gebracht haben, dass er schutzbedürftig ist, den Schutz aber nicht in der Bundesrepublik suchen will.

Hinweis:

Finden sich dafür Anhaltspunkte, so begründet dies noch nicht die Zurückschiebung, sondern zunächst nur die Anfrage an den betreffenden Staat, ob dieser zur Aufnahme oder zur Wiederaufnahme bereit ist. Auch die bloße Einleitung des Auf- oder Wiederaufnahmeverfahrens ermöglicht noch keine Zurückschiebung (wie es die wörtliche Formulierung suggeriert), sondern erst dessen Abschluss durch eine (Wieder-)Aufnahmebereitschaftserklärung des betreffenden Staates und dem Erlass einer entsprechenden Überstellungsentscheidung. Die Zurückschiebung kann demzufolge erst stattfinden, wenn der zuständige Dublin-Staat der Übernahme zugestimmt hat.

9.2.2 Abschiebung

Die sachliche Zuständigkeit der BPOL ergibt sich bei dieser Maßnahme aus folgenden §§-Ketten:

- §§ 1 II, 2 II Nr. 3 BPolG i. V. m. § 71 III Nr. 1a AufenthG oder
- §§ 1 II, 2 II Nr. 3 BPolG i. V. m. § 71 III Nr. 1b AufenthG

Die Abschiebung richtet sich nach § 58 AufenthG.

> **§ 58 AufenthG (Abschiebung)**
>
> (1) Der Ausländer ist abzuschieben, wenn die Ausreisepflicht vollziehbar ist, eine Ausreisefrist nicht gewährt wurde oder diese abgelaufen ist, und die freiwillige Erfüllung der Ausreisepflicht nicht gesichert ist oder aus Gründen der öffentlichen Sicherheit und Ordnung eine Überwachung der Ausreise erforderlich erscheint. […]

In allen anderen Fällen ist also eine Abschiebung durchzuführen, wenn die freiwillige Erfüllung der Ausreisepflicht nicht gesichert ist (s. auch § 58 III AufenthG). Die Abschiebung erfolgt in der Regel in den Staat, dessen Staatsangehörigkeit die Person besitzt bzw. in einen Drittstaat, in den die Person erlaubt einreisen darf. Neben der vollziehbaren Ausreisepflicht bedarf es für die Abschiebung weiterer Voraussetzungen.

Es ist zu prüfen, ob eine Ausreisefrist nicht gewährt wurde oder eine gewährte Ausreisefrist abgelaufen ist und die freiwillige Erfüllung der Ausreisepflicht nicht gesichert ist; oder ob die Überwachung der Ausreise aus Gründen der öffentlichen Sicherheit und Ordnung erforderlich erscheint.

AUSREISEFRIST

Einem ausreisepflichtigen Drittstaatsangehörigen soll gemäß der EU-Rückführungsrichtlinie[27] eine Frist von 7 bis 30 Tagen gewährt werden, um den jeweiligen Staat freiwillig zu verlassen. Die Gewährung der Ausreisefrist wird dem Drittstaatsangehörigen in Form einer Grenzübertrittsbescheinigung von der Ausländer-/Grenzbehörde erteilt. Die Gewährung kann aber auch, u. a. bei fehlendem Ausreisewillen oder bei einer Gefahr für die öffentliche Sicherheit, versagt werden.

Eine Abschiebung darf nicht erfolgen, wenn Abschiebungsverbote gemäß § 60 AufenthG vorliegen. Diese Abschiebungshindernisse finden auch Anwendung bei der Zurückschiebung § 57 AufenthG und der Einreiseverweigerung Art. 14 SGK i. V. m. § 15 IV 1 AufenthG.

TBM im Überblick:

1. TBM: Ausländer (§ 2 I AufenthG)
2. TBM: Ausreisepflicht (§ 50 I AufenthG)
3. TBM: Vollziehbarkeit der Ausreisepflicht (§ 58 II AufenthG)
4. TBM: Erfüllung der Ausreisepflicht nicht gesichert (§ 58 I AufenthG) oder die Ausreise überwachungsbedürftig (§ 58 III AufenthG)
5. TBM: Abschiebungsandrohung muss ergangen sein (§ 59 AufenthG)

27 Richtlinie 2008/115/EG.

6. TBM: Ausreisefrist nicht gewährt oder abgelaufen (§§ 50 II, 59 I AufenthG)

7. TBM: Keine Abschiebungshindernisse oder -verbote (§§ 60, 60a AufenthG)

1. TBM: Ausländer (§ 2 I AufenthG)

Definition: Gemäß § 2 I AufenthG ist jede Person Ausländer, welche nicht die deutsche Staatsangehörigkeit i. S. d. Art. 116 I GG besitzt.

(Da jedoch das AufenthG nicht auf alle Ausländer anwendbar ist, sind hier wieder Drittstaatsangehörige gemeint. Auf EU-, EWR-Bürger und deren Familienangehörige ist das AufenthG grundsätzlich nicht anwendbar, soweit durch Gesetz nichts anderes bestimmt ist. § 1 II AufenthG. Gleiches gilt für Staatsangehörige der Schweiz und deren Familienangehörige.)

Hinweis für die Klausur: Hier ist ein Verweis zu 1.1 im Schema möglich, sofern der 1.1 bereits Bestandteil der schriftlichen Ausführungen war.

2. TBM: Ausreisepflicht (§ 50 I AufenthG)

Definition: Ein Ausländer ist zur Ausreise verpflichtet, wenn er einen erforderlichen Aufenthaltstitel nicht oder nicht mehr besitzt und ein Aufenthaltsrecht nach dem Assoziationsabkommen EWG/Türkei nicht oder nicht mehr besteht.

3. TBM: Vollziehbarkeit der Ausreisepflicht (§ 58 II AufenthG)

Die aus Sicht der Verfasser wichtigste Variante ist der § 58 II Nr. 1 AufenthG. Der Vollständigkeit halber sollte man jedoch unbedingt den kompletten § 58 II AufenthG lesen!

§ 58 II Nr. 1 AufenthG: Die Ausreisepflicht ist vollziehbar, wenn der Ausländer unerlaubt eingereist ist. Die unerlaubte Einreise wird in § 14 I AufenthG definiert. Wichtig ist, dass hier ein Zusammenhang mit dem 2. TBM hergestellt wird, denn die Ausreisepflicht nach § 50 I AufenthG wird begründet, wenn der Ausländer einen erforderlichen Aufenthaltstitel nicht oder nicht mehr besitzt. Demzufolge ist hier insbesondere der § 14 I Nr. 2 AufenthG relevant (… den nach § 4 erforderlichen Aufenthaltstitel nicht besitzt, …).

Fazit:
Eine unerlaubte Einreise führt nur dann zu einer vollziehbaren Ausreisepflicht, wenn die betroffene Person ohne erforderlichen Aufenthaltstitel eingereist ist (§ 14 I Nr. 2 AufenthG) oder mit einem Visum, das mit Wirkung für die Vergangenheit zurückgenommen oder annulliert wurde (§ 14 I Nr. 2a AufenthG). Ist hingegen die betroffene Person, die über einen gültigen Aufenthaltstitel verfügt, lediglich deshalb unerlaubt eingereist, weil sie keinen gültigen Pass besitzt (§ 14 I Nr. 1 AufenthG) oder eine Wiedereinreisesperre gemäß § 11 I S. 1 AufenthG besteht (§ 14 I S. 3 AufenthG), ist diese nicht ausreisepflichtig und kann nicht zurückgeschoben werden.

4. TBM: Erfüllung der Ausreisepflicht nicht gesichert (§ 58 I AufenthG) oder die Ausreise überwachungsbedürftig (§ 58 III AufenthG)

Definition der Variante 1:

Die freiwillige Erfüllung der Ausreisepflicht ist nur dann nicht gesichert, wenn aus konkreten Gründen Zweifel daran bestehen, dass der Ausländer bis zum Ablauf der Ausreisefrist in einen Nicht-EU-Staat oder im Falle einer dort gegebenen Erlaubnis in einen EU-Staat ausreist. „Freiwillig" erfolgt die rechtlich notwendige Ausreise, wenn sie von dem Ausländer selbst organisiert und durchgeführt wird.

Definition/Erklärung der Variante 2:

Überwachungsbedürftig ist die Ausreise in den in § 58 III AufenthG nicht abschließend (insbesondere) aufgeführten Fällen. Hier gilt es in der Klausur, die einschlägige Nummer bzw. die einschlägigen Nummern unter den Sachverhalt zu subsumieren.

Die Überwachung der Ausreise ist insbesondere erforderlich, wenn der Ausländer

1. sich auf richterliche Anordnung in Haft oder in sonstigem öffentlichem Gewahrsam befindet,
2. innerhalb der ihm gesetzten Ausreisefrist nicht ausgereist ist,
3. auf Grund eines besonders schwerwiegenden Ausweisungsinteresses nach § 54 Absatz 1 in Verbindung mit § 53 ausgewiesen worden ist,

4. mittellos ist,
5. keinen Pass oder Passersatz besitzt,
6. gegenüber der Ausländerbehörde zum Zweck der Täuschung unrichtige Angaben gemacht oder die Angaben verweigert hat oder
7. zu erkennen gegeben hat, dass er seiner Ausreisepflicht nicht nachkommen wird.

Daneben kommen Fälle des § 58a sowie Hilfsbedürftigkeit oder Gefährdung von Mitreisenden durch Geisteskrankheit, Straftaten, ansteckende Krankheit in Betracht.

5. TBM: Abschiebungsandrohung muss ergangen sein (§ 59 AufenthG)

Definition: Nach § 59 I S. 1 AufenthG ist die Abschiebung unter Bestimmung einer angemessenen Frist zwischen sieben und 30 Tagen für die freiwillige Ausreise anzudrohen.

Hinweise:

Die Androhung verfolgt je nach dem Grund der Abschiebung im Wesentlichen drei unterschiedliche Zwecke. Sie verdeutlicht erstens die Ausreiseverpflichtung und droht die Abschiebung für den Fall der nicht rechtzeitigen Ausreise nach Ablauf der Frist für die freiwillige Ausreise an. Hierfür bedarf es dann keines besonderen Anlasses, vor allem braucht (noch) kein Anhalt für die Nichterfüllung der Ausreisepflicht zu bestehen. Dem Ausländer wird es ermöglicht, seine persönlichen Angelegenheiten zu ordnen und die freiwillige Ausreise vorzubereiten. Der Erlass einer Abschiebungsandrohung setzt die Vollziehbarkeit der Ausreisepflicht nicht voraus.

6. TBM: Ausreisefrist nicht gewährt oder abgelaufen (§§ 50 II, 59 I AufenthG)

Entweder ist hier die gegebene Frist (zwischen sieben und 30 Tagen) abgelaufen oder diese wurde nicht gewährt.

Hinweise:

Auf eine Fristsetzung darf die Ausländerbehörde nur verzichten, wenn aus dringenden öffentlichen Interessen noch nicht einmal eine kurze Ausreisefrist eingeräumt werden kann und auch die sofortige Abschiebung durchführbar ist. Zu denken sein kann hier an Fälle, in denen sich aus konkreten Anhaltspunkten ergibt, dass der Ausländer sich der Abschiebung entziehen will. Das kann etwa bei seinem unbekannten Aufenthalt der Fall sein, aber auch bei einer Identitätstäuschung durch den Ausländer.

7. TBM: Keine Abschiebungshindernisse oder -verbote (§§ 60, 60a AufenthG)

Das Fehlen von Abschiebungsverboten ist ein ungeschriebenes negatives Tatbestandsmerkmal einer jeden Abschiebung. In Betracht kommen die §§ 60 (Abschiebungsverbote) und 60a (Duldung) AufenthG.

Übersicht Abschiebungsverbote

§ 60 I AufenthG	Flüchtlingsschutz nach der GFK
§ 60 II, III AufenthG	Internationaler subsidiärer Schutz für Flüchtlinge
§ 60 V, VII AufenthG	Nationaler subsidiärer Schutz für Flüchtlinge

Ist eine Abschiebung aus rechtlichen oder tatsächlichen Gründen nicht möglich, so ist diese gemäß § 60a AufenthG auszusetzen. Dem Drittstaatsangehörigen ist gemäß § 60a IV AufenthG eine Bescheinigung über die Aussetzung der Abschiebung (Duldung) auszustellen.

10. Straftaten

Wir möchten uns in diesem Buch auf die beiden Straftaten unerlaubte Einreise und unerlaubter Aufenthalt konzentrieren (§ 95 I Nr. 3 und Nr. 2 AufenthG). Ausführungen zum Straftatbestand der Einschleusung finden Sie u. a. in *Lerm/Lambiase*, Einsatzrecht kompakt – Sachverhaltsbeurteilung für die weitere Ausbildung: Laufbahnprüfung erfolgreich bestehen, in der jeweils geltenden Auflage.

10.1 Unerlaubte Einreise/Aufenthalt (§ 95 I Nr. 3 und Nr. 2 AufenthG)

Sachverhalt:

Im 30-km-Bereich (Grenze Tschechische Republik-Deutschland) kontrollieren Sie im Rahmen einer verdachtsunabhängigen Kontrolle einen Reisebus. Im Fahrzeug sitzt ein kongolesischer Staatsangehöriger. Dieser weist sich Ihnen gegenüber mit einem kongolesischen Reisepass aus. Ein Visum oder Aufenthaltstitel kann er nicht vorzeigen.

Aufgabe:

Prüfen Sie, ob sich der kongolesische Staatsangehörige strafbar gemacht hat. Gehen Sie nur auf den bzw. die Tatbestände ein. Die Rechtswidrigkeit und die Schuld können als gegeben vorausgesetzt werden.

Gesetzestext (Auszug) – mit Hervorhebungen durch die Verfasser

§ 95 AufenthG (Strafvorschriften)

(1) Mit Freiheitsstrafe bis zu einem Jahr oder mit Geldstrafe wird bestraft, wer

[...]

2. **ohne erforderlichen Aufenthaltstitel** nach § 4 Absatz 1 Satz 1 sich im Bundesgebiet **aufhält**, wenn
   a) er vollziehbar ausreisepflichtig ist,

b) ihm eine Ausreisefrist nicht gewährt wurde oder diese abgelaufen ist **und**

c) dessen Abschiebung nicht ausgesetzt ist,

3. **entgegen** § 14 Abs. 1 Nr. 1 oder 2 in das Bundesgebiet **einreist**,

[…]

TBM[28]-Struktur (inkl. Definitionen[29])

Die nachfolgende TBM-Struktur beinhaltet zwei Straftaten:

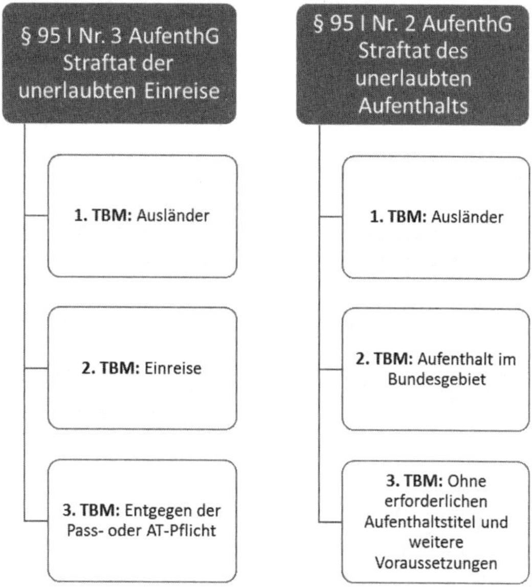

28 Abkürzung für Tatbestandsmerkmale.

29 Entnommen aus: *Lerm/Lambiase*, Einsatzrecht kompakt – Definitionswissen für die weitere Ausbildung, Laufbahnprüfung erfolgreich bestehen, erschienen im RICHARD BOORBERG VERLAG, in der jeweils geltenden Auflage.

TBM-Struktur: § 95 I Nr. 3 AufenthG – Straftat der unerlaubten Einreise

TBM – Ausländer

> **Definition**
>
> **= Ausländer ist jede Person, die nicht die deutsche Staatsangehörigkeit i. S. d. Art. 116 I GG besitzt.**

Erläuterungen:

Als Täter kommt grundsätzlich nur der Drittausländer[30] in Betracht. Die Taten sind nicht durch EU- oder EWR-Staatsangehörige begehbar, da es an einem Verweis in § 11 I FreizügG/EU fehlt. Als Teilnehmer (= Anstiftung und Beihilfe gemäß §§ 26, 27 StGB) kommt jedermann (z. B. auch der deutsche Staatsangehörige) in Betracht.

Hier die Definition:

- **Drittstaatsangehöriger gemäß Art. 2 Nr. 6 SGK ist jede Person, die weder Unions-, EWR-Bürger oder Staatsangehöriger der Schweiz ist und auch keine Anhaltspunkte dafür vorliegen, dass die Person Familienangehöriger eines Unions-, EWR-Bürgers oder Staatsangehörigen der Schweiz ist, welcher sein Freizügigkeitsrecht in Anspruch nimmt und dadurch für die Person kein Anspruch auf freien Personenverkehr i. S. d. Art. 2 Nr. 5 SGK besteht.**

> **Hinweis:**
>
> *Eine ausführliche Subsumtion wird hier bei der Sachverhaltsbeurteilung in aller Regel nicht erforderlich sein. Von daher genügt hier eine kurze Feststellung laut Sachverhalt.*

TBM – Einreise

Hier müssen Sie unterscheiden, an welcher Grenze der Sachverhalt spielt.

30 = auch Drittstaatsangehörige genannt.

1. Möglichkeit: Einreise über eine Schengen-Außengrenze

> **Definition**
>
> = Gemäß § 13 II S. 1 AufenthG ist ein Ausländer an einer zugelassenen Grenzübergangsstelle erst eingereist, wenn er die Grenze überschritten und die Grenzübergangsstelle passiert hat.

2. Möglichkeit: Einreise über eine Schengen-Binnengrenze

> **Definition**
>
> = Gemäß § 13 II S. 3 AufenthG ist ein Ausländer an einer Schengen-Binnengrenze eingereist, wenn er die Grenzlinie überschritten hat.

TBM – Entgegen der Passpflicht gemäß § 14 I Nr. 1 AufenthG oder entgegen der AT-Pflicht gemäß § 14 I Nr. 2 AufenthG

1. Alternative: Entgegen der Passpflicht gemäß § 14 I Nr. 1 AufenthG

> **Definition**
>
> = Gemäß § 3 I AufenthG muss ein Ausländer für die Einreise in das Bundesgebiet einen anerkannten und gültigen Pass oder Passersatz besitzen, es sei denn, die AufenthV (§ 14 AufenthV) bestimmt etwas Anderes.

Prüfungsreihenfolge (Hilfsfragen):

- Verfügt die Person über einen gültigen und anerkannten Pass/ Passersatz?
- Besitzt die Person diesen Pass/Passersatz? *(Beachte die Abgrenzung Besitz – bloßes Nicht-Mitführen)*
- Existiert eine nationale Befreiung von der Passpflicht?
- Ergebnis

Beachte: Ein Verstoß gegen die Mitführpflicht beim Grenzübertritt stellt (nur) eine Ordnungswidrigkeit gemäß § 98 III Nr. 3 AufenthG dar.

oder

2. Alternative: Entgegen der AT-Pflicht gemäß § 14 I Nr. 2 AufenthG

> **Definition**
> = Gemäß § 4 I AufenthG benötigt grundsätzlich jeder Ausländer für die Einreise einen Aufenthaltstitel[31], es sei denn, das EU-Recht oder die AufenthV bestimmen etwas Anderes.

Prüfungsreihenfolge:

- Benötigt die Person einen Aufenthaltstitel? (Bezug zur EUVisa-VO → Positiv-/Negativstaater)
- Besitzt die Person diesen Aufenthaltstitel? *(Beachte die Abgrenzung Besitz – bloßes Nicht-Mitführen)*
- Besteht eine nationale Befreiung von der AT-Pflicht?
- Ergebnis

TBM-Struktur: § 95 I Nr. 2 AufenthG –
Straftat des unerlaubten Aufenthalts
TBM – Ausländer

> **Definition**
> **= Ausländer ist jede Person, die nicht die deutsche Staatsangehörigkeit i. S. d. Art. 116 I GG besitzt.**

31 Gemäß BGH-Urteil 1 StR 289/20 vom 26. Januar 2021 sind im Strafrecht des Aufenthaltsrechts „Aufenthaltstitel" alle schengenwirksamen Aufenthaltstitel (Art. 2 Nr. 16 SGK i. V. m. Anlage 22 SGK) und D-Visa der Mitgliedstaaten (Art. 18/21 SDÜ). Gemäß Rn. 55 gilt Gleiches auch für sogenannte Positivstaater (Art. 4 I i. V. m. Anhang II EUVisaVO, Art. 20 I SDÜ und gemäß Rn. 46 gilt dies ebenfalls für Inhaber von gültigen C-Visa.

Erläuterungen:

Als Täter kommt grundsätzlich nur der Drittausländer[32] in Betracht. Die Taten sind nicht durch EU- oder EWR-Staatsangehörige begehbar, da es an einem Verweis in § 11 I FreizügG/EU fehlt. Als Teilnehmer (= Anstiftung und Beihilfe gemäß §§ 26, 27 StGB) kommt jedermann (z. B. auch der deutsche Staatsangehörige) in Betracht.

Hier die Definition wie oben: Drittstaatsangehöriger gemäß Art. 2 Nr. 6 SGK ist jede Person, die weder Unions-, EWR-Bürger oder Staatsangehöriger der Schweiz ist und auch keine Anhaltspunkte dafür vorliegen, dass die Person Familienangehöriger eines Unions-, EWR-Bürgers oder Staatsangehörigen der Schweiz ist, welcher sein Freizügigkeitsrecht in Anspruch nimmt und dadurch für die Person kein Anspruch auf freien Personenverkehr i. S. d. Art. 2 Nr. 5 SGK besteht.

Hinweis: Eine ausführliche Subsumtion wird hier bei der Sachverhaltsbeurteilung in aller Regel nicht erforderlich sein. Von daher genügt hier eine kurze Feststellung laut Sachverhalt.

TBM – Aufenthalt im Bundesgebiet

Definition

= Der Ausländer hält sich im Bundesgebiet auf, wenn er gemäß § 13 II AufenthG vollendet eingereist ist.

32 = auch Drittstaatsangehörige genannt.

TBM – Ohne erforderlichen Aufenthaltstitel, § 4 I AufenthG

Definition

= Ein Ausländer macht sich des unerlaubten Aufenthalts strafbar, wenn er sich ohne erforderlichen Aufenthaltstitel[33] nach § 4 I S. 1 AufenthG im Bundesgebiet aufhält, sofern:

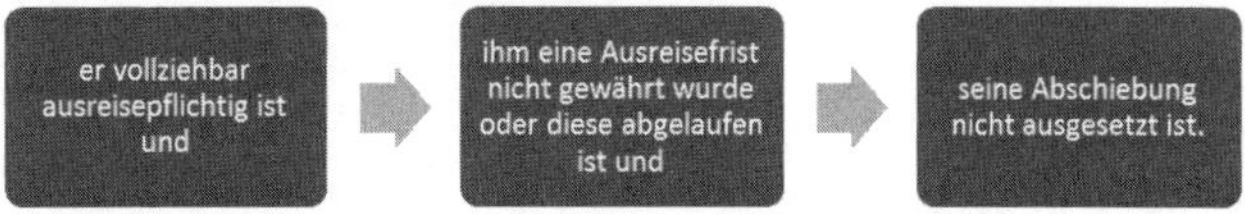

BEACHTE: Alle drei genannten Punkte müssen erfüllt sein.

Die Definitionen lauten wie folgt:

- **Aufenthalt entgegen der AT-Pflicht (§ 4 I AufenthG)**
  Definition
  = Gemäß § 4 I AufenthG benötigt grundsätzlich jeder Ausländer für den Aufenthalt einen Aufenthaltstitel, es sei denn, das EU-Recht oder die AufenthV bestimmen etwas Anderes. Der Ausländer muss den Aufenthaltstitel[34] lediglich besitzen.
- **Vollziehbare Ausreisepflicht**
  Definition
  = Ein Ausländer ist gemäß § 50 I AufenthG zur Ausreise verpflichtet, wenn er einen erforderlichen Aufenthaltstitel nicht oder nicht mehr besitzt. Die Ausreisepflicht ist gemäß § 58 II S. 1 AufenthG *vollziehbar*, wenn er u. a. unerlaubt eingereist ist.

33 Gemäß BGH-Urteil 1 StR 289/20 vom 26. Januar 2021 sind im Strafrecht des Aufenthaltsrechts „Aufenthaltstitel" alle schengenwirksamen Aufenthaltstitel (Art. 2 Nr. 16 SGK i. V. m. Anlage 22 SGK) und D-Visa der Mitgliedstaaten (Art. 18/21 SDÜ). Gemäß Rn. 55 gilt Gleiches auch für sogenannte Positivstaater (Art. 4 I i. V. m. Anhang II EUVisaVO, Art. 20 I SDÜ und gemäß Rn. 46 gilt dies ebenfalls für Inhaber von gültigen C-Visa.

34 S. o.

- **Ausreisefrist wurde nicht gewährt oder ist abgelaufen**
  Bei diesem Merkmal erfolgt in der Regel keine ausführliche Subsumtion, sondern nur eine kurze Feststellung am Sachverhalt.
- **Abschiebung ist nicht ausgesetzt**
  Definition
  = Der Ausländer darf keine Duldung[35] besitzen. *Auch hier nur kurz am Sachverhalt erkennen und feststellen.*

Formulierungsvorschlag

[Einleitender Obersatz]

Der kongolesische Staatsangehörige könnte den Tatbestand der unerlaubten Einreise gemäß § 95 I Nr. 3 AufenthG und des unerlaubten Aufenthalts gemäß § 95 I Nr. 2 AufenthG erfüllt haben.

PRÜFUNG DER UNERLAUBTEN EINREISE (§ 95 I Nr. 3 AufenthG)

1. TBM – Ausländer?

Der Kongolese ist Drittstaatsangehöriger und damit Ausländer i. S. d. § 2 I i. V. m. § 1 II AufenthG, da er weder Unions-/EWR-Bürger noch Staatsangehöriger der Schweiz oder Deutschland ist und auch keine Anhaltspunkte dafür vorliegen, dass er abgeleitetes Freizügigkeitsrecht in Anspruch nehmen kann, siehe auch Art. 2 Nr. 6 Schengener Grenzkodex (SGK).

2. TBM – Einreise?

Gemäß § 13 II S. 3 AufenthG ist ein Ausländer an einer Schengen-Binnengrenze eingereist, wenn er die Grenzlinie überschritten hat. Laut Sachverhalt ist er gerade mit einem Bus aus Tschechien kommend in das Bundesgebiet gelangt. Tschechien und Deutschland verbindet eine Schengen-Binnengrenze, somit ist der Kongolese mit Überschreiten der Grenzlinie bereits vollendet eingereist.

35 Rechtsgrundlage ist § 60a AufenthG: Die (vorübergehende) Aussetzung der Abschiebung lässt den Tatbestand des Aufenthalts ohne erforderlichen AT entfallen. Gemäß § 60a II AufenthG ist die Abschiebung eines Ausländers auszusetzen, solange die Abschiebung aus tatsächlichen oder rechtlichen Gründen unmöglich ist und keine Aufenthaltserlaubnis erteilt wird.

3. TBM – Entgegen der Passpflicht gemäß § 14 I Nr. 1 AufenthG oder entgegen der AT-Pflicht gemäß § 14 I Nr. 2 AufenthG?

Entgegen der AT-Pflicht gemäß § 14 I Nr. 2 AufenthG?

Gemäß § 4 I AufenthG benötigt grundsätzlich jeder Ausländer für die Einreise einen Aufenthaltstitel[36], es sei denn, das EU-Recht oder die AufenthV bestimmen etwas Anderes.

Für einen Kurzaufenthalt unterliegt der Kongolese der Visumpflicht nach Art. 1 und Art. 3 I i. V. m. Anlage I EUVisaVO. Eine nationale Befreiung nach der AufenthV für einen kurzfristigen oder längerfristigen Aufenthalt ist nicht ersichtlich. Damit bestimmen weder EU-Recht noch die AufenthV etwas anderes als § 4 AufenthG. Folglich benötigt er für die Einreise und den Aufenthalt einen AT. Einen AT kann er jedoch nicht vorweisen.

Somit ist der Kongolese unerlaubt im Sinne des § 14 I Nr. 2 AufenthG eingereist.

ERGEBNIS:

Somit ist der Tatbestand des § 95 Abs. 1 Nr. 3 AufenthG erfüllt.

PRÜFUNG DES UNERLAUBTEN AUFENTHALTS (§ 95 I Nr. 2 AufenthG)

1. TBM – Ausländer?

Der Kongolese ist, wie oben bereits dargestellt, Drittstaatsangehöriger und damit Ausländer i. S. d. § 2 I i. V. m. § 1 II AufenthG.

> **Klausurhinweis:**
>
> Mit Verweisen auf bereits getätigte Würdigungen sollte man grundsätzlich vorsichtig sein. Jedoch ist es hier möglich und sinnvoll, da die Prüfung der Strafbarkeit in einer Einheit (d. h. in einer in sich geschlossenen Aufgabe) erfolgt.

36 Gemäß BGH-Urteil 1 StR 289/20 vom 26. Januar 2021 sind im Strafrecht des Aufenthaltsrechts „Aufenthaltstitel" alle schengenwirksamen Aufenthaltstitel (Art. 2 Nr. 16 SGK i. V. m. Anlage 22 SGK) und D-Visa der Mitgliedstaaten (Art. 18/21 SDÜ). Gemäß Rn. 55 gilt Gleiches auch für sogenannte Positivstaater (Art. 4 I i. V. m. Anhang II EUVisaVO, Art. 20 I SDÜ und gemäß Rn. 46 gilt dies ebenfalls für Inhaber von gültigen C-Visa.

2. TBM – Aufenthalt im Bundesgebiet?

Der Ausländer hält sich im Bundesgebiet auf, wenn er gemäß § 13 II AufenthG vollendet eingereist ist. Der Kongolese ist an der Schengen-Binnengrenze (hier zu Tschechien) mit dem Überschreiten der Grenzlinie bereits vollendet eingereist und hält sich somit im Bundesgebiet auf.

3. TBM – Ohne erforderlichen Aufenthaltstitel, § 4 I AufenthG?

Ein Ausländer macht sich des unerlaubten Aufenthalts strafbar, wenn er sich ohne erforderlichen Aufenthaltstitel[37] nach § 4 I S. 1 AufenthG im Bundesgebiet aufhält, sofern:

- er vollziehbar ausreisepflichtig ist ***und***
- ihm eine Ausreisefrist nicht gewährt wurde oder diese abgelaufen ist ***und***
- seine Abschiebung nicht ausgesetzt ist.

Nun zu den einzelnen Voraussetzungen:

- **Aufenthalt entgegen der AT-Pflicht (§ 4 I AufenthG)?**
  Wie bereits oben geprüft, unterliegt der Kongolese der Aufenthaltstitelpflicht und kann keinen Aufenthaltstitel vorweisen bzw. keine Befreiung in Anspruch nehmen. Es handelt sich demnach um einen Aufenthalt entgegen der AT-Pflicht (§ 4 I AufenthG).
- **Vollziehbare Ausreisepflicht?**
  Ein Ausländer ist gemäß § 50 I AufenthG zur Ausreise verpflichtet, wenn er einen erforderlichen Aufenthaltstitel nicht oder nicht mehr besitzt. Die Ausreisepflicht ist gemäß § 58 II S. 1 AufenthG *vollziehbar*, wenn er u. a. unerlaubt eingereist ist.
  Da der Kongolese keinen Aufenthaltstitel besitzt, ist er nach § 50 I AufenthG ausreisepflichtig. Die Ausreispflicht ist nach § 58 II Nr. 1 AufenthG auch vollziehbar, da er – wie geprüft – unerlaubt eingereist ist.

---

37 Gemäß BGH-Urteil 1 StR 289/20 vom 26. Januar 2021 sind im Strafrecht des Aufenthaltsrechts „Aufenthaltstitel" alle schengenwirksamen Aufenthaltstitel (Art. 2 Nr. 16 SGK i. V. m. Anlage 22 SGK) und D-Visa der Mitgliedstaaten (Art. 18/21 SDÜ). Gemäß Rn. 55 gilt Gleiches auch für sogenannte Positivstaater (Art. 4 I i. V. m. Anhang II EUVisaVO, Art. 20 I SDÜ und gemäß Rn. 46 gilt dies ebenfalls für Inhaber von gültigen C-Visa.

- **Ausreisefrist wurde nicht gewährt <u>oder</u> ist abgelaufen?**
  Eine Gewährung einer Ausreisefrist durch andere Behörden ist nicht ersichtlich.
- **Abschiebung ist nicht ausgesetzt?**
  Da er keine Duldung besitzt, Anhaltspunkte für tatsächliche oder rechtliche Abschiebungshindernisse gemäß § 60 AufenthG laut Sachverhalt nicht vorliegen, sind keine Anhaltspunkte vorhanden, dass die Abschiebung ausgesetzt wurde.

ERGEBNIS:

Somit ist der Tatbestand des § 95 Abs. 1 Nr. 2 AufenthG erfüllt. Die Rechtswidrigkeit und die Schuld sind lt. Aufgabenstellung als gegeben vorauszusetzen.

<u>GESAMTERGEBNIS:</u>

Somit hat sich die Person nach den §§ 95 I Nr. 3, I Nr. 2 AufenthG der unerlaubten Einreise und des unerlaubten Aufenthalts strafbar gemacht.

10.2 Einreise/Aufenthalt entgegen einem Einreiseverbot nach § 11 I AufenthG (§ 95 II Nr. 1 AufenthG)

Sachverhalt:

Eine Streife der Bundespolizei kontrolliert im 30-km-Bereich einen aus Tschechien kommenden Reisebus mit serbischer Zulassung. Bei der Überprüfung der Insassen fällt den Beamten ein 21-jähriger Serbe auf. Die Überprüfung seiner Personalien ergibt, dass gegen den jungen Mann ein Einreiseverbot für die Bundesrepublik Deutschland vorliegt. Zu Beginn dieses Jahres hatten die deutschen Behörden den Serben ausgewiesen und ihn mit einer Wiedereinreisesperre bis ins Jahr 2026 belegt.

<u>Aufgabe:</u>

Prüfen Sie, ob sich der Serbe strafbar gemacht hat. Gehen Sie nur auf den Tatbestand ein. Die Rechtswidrigkeit und die Schuld können als gegeben vorausgesetzt werden.

Gesetzestext (Auszug) – mit Hervorhebungen durch die Verfasser

§ 95 AufenthG (Strafvorschriften)

(2) Mit Freiheitsstrafe bis zu drei Jahren oder mit Geldstrafe wird bestraft, wer

[…]

1. entgegen **§ 11 Absatz 1** oder in **Zuwiderhandlung** einer vollziehbaren Anordnung nach § 11 Absatz 6 Satz 1 oder Absatz 7 Satz 1
   a) in das Bundesgebiet einreist oder
   b) sich darin aufhält,

[…]

TBM[38]-Struktur (inkl. Definitionen)

TBM – Ausländer

Definition

= Ausländer ist jede Person, die nicht die deutsche Staatsangehörigkeit i. S. d. Art. 116 I GG besitzt.

Erläuterungen:

Als Täter kommt grundsätzlich nur der Drittausländer[39] in Betracht. Die Taten sind nicht durch EU- oder EWR-Staatsangehörige begehbar, da es an einem Verweis in § 11 I FreizügG/EU fehlt.

Drittstaatsangehöriger gemäß Art. 2 Nr. 6 SGK ist jede Person, die weder Unions-, EWR-Bürger oder Staatsangehöriger der Schweiz ist und auch keine Anhaltspunkte dafür vorliegen, dass die Person Familienangehöriger eines Unions-, EWR-Bürgers oder Staatsangehörigen der Schweiz ist, welcher sein Freizügigkeitsrecht in Anspruch nimmt und dadurch für die Person kein Anspruch auf freien Personenverkehr i. S. d. Art. 2 Nr. 5 SGK besteht.

38 Abkürzung für Tatbestandsmerkmale.

39 = auch Drittstaatsangehörige genannt.

Hinweis:

Eine ausführliche Subsumtion wird hier bei der Sachverhaltsbeurteilung in aller Regel nicht erforderlich sein. Von daher genügt hier eine kurze Feststellung laut Sachverhalt.

TBM – Art der Grenze

Hier müssen Sie (lediglich) kurz am Sachverhalt feststellen, ob es sich um eine Schengen-Binnengrenze oder Schengen-Außengrenze handelt.

TBM – Einreise (Grenzübertritt) / Aufenthalt

Bei Einreise über die Schengen-Außengrenze

Gemäß § 13 II 1 AufenthG ist ein Ausländer an einer zugelassenen Grenzübergangstelle erst eingereist, wenn er die Grenze überschritten und die Grenzübergangsstelle passiert hat.

Bei Einreise über die Schengen-Binnengrenze

Gemäß § 13 II 3 AufenthG ist ein Ausländer an einer Schengen-Binnengrenze eingereist, wenn er die Grenzlinie überschritten hat.

Aufenthalt

Sofern die Grenzlinie an einer Schengen-Binnengrenze überschritten ist, beginnt der Aufenthalt der Person.

Bei einer Schengen-Außengrenze beginnt der Aufenthalt nach Überschreiten der Grenzlinie und Passieren der Grenzübergangsstelle.

TBM – Entgegen Einreiseverbot oder Zuwiderhandlung einer vollziehbaren Anordnung

1. **Alternative:** Vorliegen eines gültigen Einreiseverbotes

Hier müssen Sie dieses nur am Sachverhalt feststellen!

2. **Alternative:** Zuwiderhandlung einer vollziehbaren Anordnung

a) Ausreisepflicht nicht innerhalb der gesetzten Ausreisefrist nachgekommen, § 11 VI AufenthG

b) Einreiseverbot nach abgelehntem Asylantrag gemäß § 11 VII AufenthG

Formulierungsvorschlag

[**Einleitender Obersatz**]

Der serbische Staatsangehörige könnte sich durch die erfolgte Einreise entgegen dem Einreiseverbot strafbar gemacht haben gemäß § 95 II Nr. 1a und b AufenthG – unerlaubte Einreise und unerlaubter Aufenthalt entgegen einem nationalen Einreiseverbot.

TATBESTAND

TBM – Ausländer?

Die Person ist **serbischer** Staatsangehöriger. Demnach ist die Person weder Unions- noch EWR-Bürger oder Staatsangehöriger der Schweiz oder Deutschlands. Es liegen auch keine Anhaltspunkte dafür vor, dass er ein abgeleitetes Freizügigkeitsrecht in Anspruch nimmt. Somit ist er Drittstaatsangehöriger und Ausländer i. S. d. § 2 I i. V. m. § 1 II AufenthG.

TBM – Art der Grenze?

Es handelt sich bei der Grenze Tschechien – Deutschland um eine Schengen-Binnengrenze.

TBM – Einreise (Grenzübertritt) / Aufenthalt?

Gemäß § 13 II 3 AufenthG ist ein Ausländer an einer Schengen-Binnengrenze eingereist, wenn er die Grenzlinie überschritten hat. Sofern die Grenzlinie überschritten ist, hält sich die Person unerlaubt auf.

Der Serbe wird hier nach Überschreiten der Grenzlinie festgestellt. Somit ist er vollendet eingereist und hält sich nun in Deutschland auch auf.

TBM – Entgegen Einreiseverbot oder Zuwiderhandlung einer vollziehbaren Anordnung?

1. Alternative: Vorliegen eines gültigen Einreiseverbotes?

Die Person hat ein bis 2026 gültiges (deutsches) Einreiseverbot.

Somit liegen insgesamt alle Voraussetzungen des Tatbestandes gemäß § 95 II Nr. 1a und b AufenthG vor.

Laut Aufgabenstellung sind die Rechtswidrigkeit und die Schuld als gegeben zu betrachten.

GESAMTERGEBNIS:
Somit hat sich die Person insgesamt strafbar gemacht gemäß § 95 II Nr. 1a und b AufenthG.

10.3 Erschleichen eines Aufenthaltstitels (§ 95 II Nr. 2 AufenthG)

Sachverhalt:

Der **russische** Staatsangehörige T möchte in Deutschland einer Erwerbstätigkeit nachgehen. Um den Prozess zu vereinfachen, beantragt er bei der deutschen Auslandsvertretung in Moskau ein Geschäftsvisum. Im Rahmen dessen legt er bei der Beantragung auch ein fingiertes Einladungsschreiben vor. Daraufhin wird dem T ein deutsches Schengen-Visum der Kategorie C ausgestellt. Dieses legt er dann bei der grenzpolizeilichen Einreisekontrolle vor. Der PVB der BPOL erkennt die Täuschung.

Aufgabe:

Prüfen Sie, ob sich der T strafbar gemacht hat. Gehen Sie nur auf den Tatbestand ein. Die Rechtswidrigkeit und die Schuld können als gegeben vorausgesetzt werden.

Gesetzestext (Auszug) – mit Hervorhebungen durch die Verfasser

§ 95 AufenthG (Strafvorschriften)

(2) Mit Freiheitsstrafe bis zu drei Jahren oder mit Geldstrafe wird bestraft, wer

[…]

2. unrichtige oder unvollständige Angaben macht oder benutzt, um für sich oder einen anderen einen Aufenthaltstitel oder eine Duldung zu beschaffen oder das Erlöschen oder die nachträgliche Beschränkung des Aufenthaltstitels oder der Duldung abzuwenden **oder** eine so beschaffte Urkunde wissentlich zur Täuschung im Rechtsverkehr gebraucht.

[…]

TBM[40]-Struktur (inkl. Definitionen) der Visaerschleichung gemäß § 95 II Nr. 2 AufenthG

Es werden in der Grafik zur TBM-Struktur alle Varianten dargestellt.

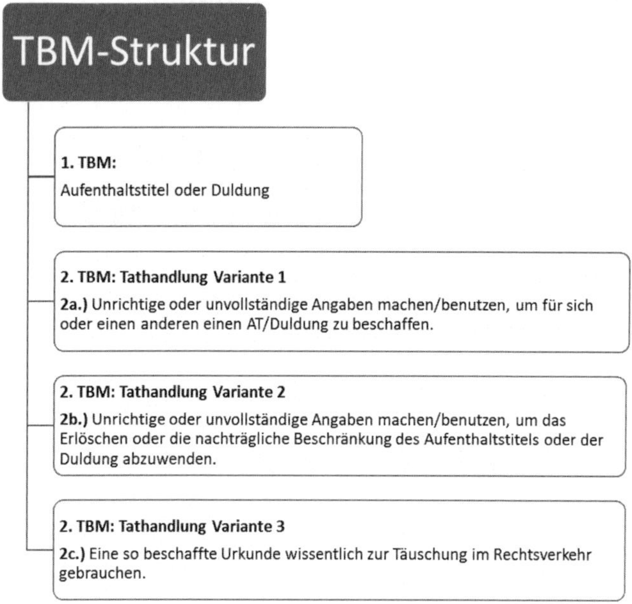

TBM – Aufenthaltstitel oder Duldung

Definition Aufenthaltstitel

= sind alle schengenwirksamen Aufenthaltstitel (Art. 2 Nr. 16 SGK i. V. m. Anlage 22 SGK) und D-Visa der Mitgliedstaaten (Art. 18/21 SDÜ).[41]

---

40 Abkürzung für Tatbestandsmerkmale.

41 Gemäß BGH-Urteil 1 StR 289/20 vom 26. Januar 2021 sind im Strafrecht des Aufenthaltsrechts „Aufenthaltstitel“ alle schengenwirksamen Aufenthalts-

Definition Duldung
= Bescheinigung über die vorübergehende Aussetzung der Abschiebung

TBM – Aufenthaltstitel oder Duldung

In allen drei Varianten muss hier eine Erörterung am Sachverhalt stattfinden, und zwar in Bezug auf das Machen bzw. das Benutzen der unrichtigen oder unvollständigen Angaben.

Ergänzung zur Variante 3:

GEBRAUCH
= Gebraucht wird die so beschaffene Urkunde, wenn sie dem zu Täuschenden so zugänglich gemacht wird, dass er von dessen Inhalt Kenntnis erlangen kann.

TÄUSCHUNG IM RECHTSVERKEHR
= Täuschung im Rechtsverkehr liegt vor, wenn der Täter Absicht oder direkten Vorsatz hat, bei einem anderen einen Irrtum über die Richtigkeit des Aufenthaltstitels zu erregen, um diesen zu einem rechtserheblichen Verhalten zu veranlassen.

Formulierungsvorschlag

[Einleitender Obersatz]

Indem der T bei der Einreisekontrolle ein Geschäftsvisum vorgelegt hat, obwohl er erwerbstätig werden wollte, könnte er sich des Gebrauchs eines erschlichenen AT gemäß § 95 II Nr. 2 AufenthG strafbar gemacht haben.

TBM – Aufenthaltstitel oder Duldung?

Das Schengen-Visum der Kategorie C ist ein Aufenthaltstitel[42] gemäß §§ 4 I Nr. 1, 6 I Nr. 1 AufenthG.

---

titel (Art. 2 Nr. 16 SGK i. V. m. Anlage 22 SGK) und D-Visa der Mitgliedstaaten (Art. 18/21 SDÜ). Gemäß Rn. 55 gilt Gleiches auch für sogenannte Positivstaater (Art. 4 I i. V. m. Anhang II EUVisaVO, Art. 20 I SDÜ und gemäß Rn. 46 gilt dies ebenfalls für Inhaber von gültigen C-Visa.

42 Gemäß BGH-Urteil 1 StR 289/20 vom 26. Januar 2021 sind im Strafrecht des Aufenthaltsrechts „Aufenthaltstitel“ alle schengenwirksamen Aufenthalts-

TBM – Eine so beschaffte Urkunde wissentlich zur Täuschung im Rechtsverkehr gebrauchen (Variante 3)?

UNRICHTIGE ODER UNVOLLSTÄNDIGE ANGABEN MACHEN ODER BENUTZEN?

T hat im Rahmen der Visumbeantragung bei der deutschen Auslandvertretung angegeben, zu einem Geschäftstermin nach Deutschland reisen zu wollen, während er in Wirklichkeit in Deutschland erwerbstätig werden wollte. Dabei hat er auch ein fingiertes Einladungsschreiben vorgelegt.

Er hat dies in der Absicht getan, ein Visum zu erhalten, das er als sichtvermerkspflichtiger Drittstaatsangehöriger benötigt. Hätte er wahrheitsgemäß angegeben, dass er in Deutschland einer Erwerbstätigkeit nachgehen will, hätte er wahrscheinlich kein oder nur unter erschwerten Bedingungen ein Visum erhalten.

T hat somit falsche Angaben gemacht, um für sich einen Aufenthaltstitel zu beschaffen.

GEBRAUCH?

Gebraucht wird die so beschaffte Urkunde, wenn sie dem zu Täuschenden so zugänglich gemacht wird, dass er von dessen Inhalt Kenntnis erlangen kann.

T hat das Visum dem Kontrollbeamten bei der Einreisekontrolle ausgehändigt. Dieser war damit in der Lage, Kenntnis vom Inhalt zu erlangen. Also hat T das Visum gebraucht.

TÄUSCHUNG IM RECHTSVERKEHR?

Täuschung im Rechtsverkehr liegt vor, wenn der Täter Absicht oder direkten Vorsatz hat, bei einem anderen einen Irrtum über die Richtigkeit des Aufenthaltstitels zu erregen, um diesen zu einem rechtserheblichen Verhalten zu veranlassen.

---

titel (Art. 2 Nr. 16 SGK i. V. m. Anlage 22 SGK) und D-Visa der Mitgliedstaaten (Art. 18/21 SDÜ). Gemäß Rn. 55 gilt Gleiches auch für sogenannte Positivstaater (Art. 4 I i. V. m. Anhang II EUVisaVO, Art. 20 I SDÜ und gemäß Rn. 46 gilt dies ebenfalls für Inhaber von gültigen C-Visa.

T wollte durch das Vorzeigen des Visums den Kontrollbeamten glauben lassen, dass er zu einem Geschäftstermin und nicht zur Erwerbstätigkeit nach Deutschland einreisen will. Denn auf dem Visum wird gerade dieser Zweck dokumentiert und die Aufnahme einer Erwerbstätigkeit ausdrücklich ausgeschlossen.

Der PVB sollte dazu veranlasst werden, auf eine Kontrolle im Hinblick auf eine beabsichtigte Erwerbstätigkeit zu verzichten und T als „einfachen" Geschäftsreisenden einreisen zu lassen.

Mithin hat T das Visum wissentlich zur Täuschung im Rechtsverkehr gebraucht.

Somit ist der Tatbestand erfüllt.

Rechtswidrigkeit und Schuld sind laut Aufgabenstellung als gegeben vorauszusetzen.

ERGEBNIS:

T hat sich des Gebrauchs eines erschlichenen Visums gemäß § 95 II Nr. 2 AufenthG strafbar gemacht.

11. Freizügigkeit

Nachfolgend einige grundlegende Aspekte zum Freizügigkeitsrecht. Die Darstellung erfolgt mittels *Frage-Antwort-Systematik*.

Was ist die Unionsbürgerschaft?
Gemäß Art. 20 I des Vertrages über die Arbeitsweise der Europäischen Union (AEUV) wird eine Unionsbürgerschaft eingeführt. Unionsbürger ist demnach, wer die Staatsangehörigkeit eines Mitgliedstaats besitzt. Die Unionsbürgerschaft **tritt zur nationalen Staatsbürgerschaft hinzu**, ersetzt sie aber nicht. Die Unionsbürger haben u. a. das Recht, sich im Hoheitsgebiet der Mitgliedstaaten frei zu bewegen und aufzuhalten (siehe auch Art. 20 II a und Art. 21 I AEUV).

Was sind die Rechtsgrundlagen des Freizügigkeitsrechts?
Voraussetzungen und Umfang des Freizügigkeitsrechts von Unionsbürgern richten sich nach europäischem Recht: Artikel 21 des Vertrages über die Arbeitsweise der Europäischen Union (AEUV) bestimmt, dass jeder Unionsbürger das Recht hat, „sich im Hoheitsgebiet der Mitgliedstaaten ... frei zu bewegen und aufzuhalten."

Die Ausübung des Freizügigkeitsrechts steht unter den Bedingungen und Beschränkungen der Durchführungsvorschriften, in erster Linie der Richtlinie 2004/38/EG vom 29. April 2004, der sogenannten Freizügigkeitsrichtlinie. Sie fasst Rechte und Pflichten von Unionsbürgern und ihren Familienangehörigen bei Einreise und Aufenthalt in anderen Mitgliedstaaten zusammen.

Die Freizügigkeitsrichtlinie wird durch das **Gesetz über die allgemeine Freizügigkeit von Unionsbürgern (Freizügigkeitsgesetz/EU)** in nationales Recht umgesetzt. Die Allgemeine Verwaltungsvorschrift zum Freizügigkeitsgesetz/EU schließlich enthält bindende Vorgaben für die Verwaltung zur Anwendung des Gesetzes.

Daneben garantiert das europäische Recht die Freizügigkeit der Arbeitnehmer (Artikel 45 AEUV), das freie Niederlassungsrecht in der Union (Artikel 49 AEUV) sowie die Dienstleistungsfreiheit (Artikel 56 AEUV).

Die Arbeitnehmerfreizügigkeit ist in der EU-Verordnung 1612/68 näher ausgestaltet.

Welche Personengruppen fallen unter das Freizügigkeitsgesetz/EU (FreizügG/EU)?

Nach § 1 I Nr. 1 i. V. m. Nr. 4 und 5 FreizügG/EU wird die Einreise und der Aufenthalt von **Staatsangehörigen anderer Mitgliedstaaten** der Europäischen Union (Unionsbürger) und ihrer Familienangehörigen/nahestehenden Personen geregelt. Durch § 1 I Nr. 2 i. V. m. 12 FreizügG/EU gilt das FreizügG/EU auch für Staatsangehörige der EWR-Staaten (sog. **NIL-Staaten** – Norwegen, Island, Liechtenstein) und ihre Familienangehörigen.

Im Einklang mit der Freizügigkeitsrichtlinie benötigen Unionsbürger und ihre Familienangehörigen für einen Aufenthalt von bis zu drei Monaten nur einen gültigen Personalausweis oder Reisepass (§ 2a I FreizügG/EU).

Für ein Aufenthaltsrecht von mehr als drei Monaten müssen bestimmte weitere Voraussetzungen erfüllt sein: Gemeinschaftsrechtlich freizügigkeitsberechtigt sind nach § 2 II FreizügG/EU:

- Arbeitnehmer sowie Unionsbürger, die sich – für eine gewisse Zeit – zur Arbeitssuche oder zur Berufsausbildung aufhalten wollen,
- Selbstständige sowie Erbringer von Dienstleistungen,
- nicht erwerbstätige Unionsbürger, sofern sie über ausreichende Existenzmittel und Krankenversicherungsschutz verfügen,
- Unionsbürger, die nach fünf Jahren rechtmäßigem Aufenthalt ein Daueraufenthaltsrecht erworben haben,
- sowie die Familienangehörigen dieser Unionsbürger, wenn sie den Unionsbürger begleiten oder ihm nachziehen.

Für Schweizer gilt das Freizügigkeitsabkommen EU-Schweiz (s. dazu auch § 28 AufenthV). Gemäß diesem Abkommen sind die Staatsangehörigen der Schweiz den Unionsbürgern annähernd gleichgestellt.

Was bedeutet Freizügigkeit?

Die Freizügigkeit bedeutet zum einen, dass jeder Unionsbürger grundsätzlich das Recht hat, sich in der Europäischen Union frei zu bewegen, in jeden anderen Mitgliedstaat einzureisen und sich dort aufzuhalten. Dieses Recht ist in Artikel 21 des Vertrages über die Arbeitsweise der Europäischen Union (AEUV) garantiert. Neben dieser aufenthaltsrechtlichen Komponente bedeutet Freizügigkeit im Binnenmarkt, sich in jedem Mitgliedstaat wirtschaftlich betätigen zu können, also unselbstständig oder selbstständig, dauerhaft oder vorübergehend tätig zu sein.

> Beispiel zur allgemeinen Freizügigkeit:
> - Ein polnischer Staatsangehöriger reist nach Spanien, um dort zu leben.
>
> Beispiel zur Arbeitnehmerfreizügigkeit:
> - Ein belgischer Staatsangehöriger wandert nach Italien aus, um dort als Manager in einem Luxushotel zu arbeiten.
>
> Beispiel zur Dienstleistungsfreizügigkeit:
> - Ein finnischer Heizungsbauer (selbstständig) repariert in Stockholm (Schweden) die Heizung des Königspalastes.
>
> Beispiele zur Niederlassungsfreizügigkeit:
> - Ein deutscher Heizungsbauer (selbstständig) aus Saarbrücken gründet in Frankreich eine Niederlassung.

Die Unionsbürger haben ein Recht auf Einreise und Aufenthalt. Was versteht man darunter?

Das Recht auf Einreise und Aufenthalt findet sich u.a. in den folgenden **Rechtsgrundlagen**:

§ 2 I FreizügG/EU

Freizügigkeitsberechtigte Unionsbürger und ihre Familienangehörigen haben das Recht auf Einreise und Aufenthalt nach Maßgabe dieses Gesetzes.

§ 2a I S. 1 und 2 FreizügG/EU

Unionsbürger bedürfen für die Einreise keines Visums und für den Aufenthalt keines Aufenthaltstitels. Für ihren Aufenthalt von bis zu drei Monaten ist der Besitz eines gültigen Personalausweises oder Reisepasses ausreichend.

Unionsbürger, die sich seit fünf Jahren ständig im Bundesgebiet aufgehalten haben, erlangen ein Daueraufenthaltsrecht nach § 4a FreizügG/EU. Auf Antrag wird dem Unionsbürger gemäß § 5 V S. 1 FreizügG/EU auf Antrag sein Daueraufenthaltsrecht in Form einer Bescheinigung über das Daueraufenthaltsrecht ausgestellt.

Was versteht man unter dem abgeleiteten Freizügigkeitsrecht?

Grundsätzlich genießen Familienangehörige, die einen freizügigkeitsberechtigten Unionsbürger begleiten oder ihm nachziehen, ebenfalls das Recht auf Freizügigkeit. Dieses Recht gilt ungeachtet der Staatsangehörigkeit des Familienangehörigen, also auch für Angehörige, die nicht selbst Unionsbürger sind.

Nach § 3 FreizügG/EU sind folgende Familienangehörige von Unionsbürgern freizügigkeitsberechtigt:

- Ehegatten oder Lebenspartner sowie Verwandte in absteigender Linie, also Kinder und Kindeskinder, von freizügigkeitsberechtigten Unionsbürgern, ihren Ehegatten oder Lebenspartnern, welche noch nicht 21 Jahre alt sind,
- Verwandte in auf- oder absteigender Linie von freizügigkeitsberechtigten Unionsbürgern, ihren Ehegatten oder Lebenspartnern, welchen von den Unionsbürgern, ihren Ehegatten oder Lebenspartnern Unterhalt gewährt wird.

Die beiden Grundbedingungen des abgeleiteten Freizügigkeitsrechts sind also:

<u>1.</u>
Unionsbürger reist in ein anderes EU-Land
und macht von seinem Freizügigkeitsrecht Gebrauch.
+
<u>2.</u>
Mit- oder nachreisende Familienangehörige können
die Freizügigkeit von dem Unionsbürger ableiten
(§ 3 I FreizügG/EU)

BEISPIEL:

Der tschechische Staatsangehörige M und seine nigerianische Ehefrau F werden (zusammen) bei der Einreise am Flughafen Hamburg festgestellt. Sie sind lediglich im Besitz von Reisepässen. Sie geben an, von nun an in Deutschland leben zu wollen.

Ergebnis: Ihnen ist gemeinsam die Einreise zu gestatten.

Gemäß § 2a II S. 1 FreizügG/EU bedürfen Familienangehörige für die Einreise eines Visums. Das Visum ist (eigentlich) vor der Einreise bei der Botschaft/dem Konsulat einzuholen und enthält bei Bemerkungen den Vermerk „Familienangehöriger eines Unionsbürgers/EWR-Bürgers“. Dieses Visum stellt allerdings keine eigentliche Einreiseerlaubnis dar, sondern eher eine Art Statusnachweis (deklaratorischer Aufenthaltstitel).

Unter welchen Voraussetzungen kann das Freizügigkeitsrecht beschränkt werden?

Gemäß § 6 I FreizügG/EU kann das Freizügigkeitsrecht nur aus Gründen der öffentlichen Ordnung, Sicherheit oder Gesundheit beschränkt werden.

Krankheiten, die eine solche Verlustfeststellung rechtfertigen, sind ausschließlich Krankheiten mit epidemischem Potenzial und sonstige übertragbare, durch Infektionserreger oder Parasiten verursachte Krankheiten, sofern gegen diese Krankheiten Maßnahmen zum Schutz der Staatsangehörigen des Aufnahmemitgliedstaates getroffen werden.

Für eine Verlustfeststellung aus Gründen der öffentlichen Ordnung oder Sicherheit gelten besonders hohe Voraussetzungen: Es muss eine tatsächliche und hinreichend schwere Gefährdung der öffentlichen Ordnung oder Sicherheit vorliegen, die ein Grundinteresse der Gesellschaft berührt. Diese Gefährdung muss auf dem persönlichen Verhalten des Unionsbürgers beruhen.

Weiterhin kann die Ausländerbehörde auf der Grundlage von § 2 IV FreizügG/EU das Nichtbestehen des Freizügigkeitsrechts feststellen, wenn ein Betroffener die Voraussetzungen für das Freizügigkeitsrecht durch die Verwendung von ge- oder verfälschten Dokumenten oder die Vorspiegelung falscher Tatsachen vorgetäuscht hat. Das kann zum Beispiel dann der Fall sein, wenn Unionsbürger falsche Angaben über ein Arbeitsverhältnis gemacht haben und stattdessen in erheblichem Umfang Sozialleistungen in Anspruch nehmen. Gleiches gilt für sog. Scheinehen oder Scheinvaterschaften.

Über den Verlust des Freizügigkeitsrechtes entscheidet die zuständige Ausländerbehörde (§ 7 I S. 1 FreizügG/EU). Nach § 11 I FreizügG/EU findet das AufenthG Anwendung, sofern das FreizügG/EU keine besonderen Regelungen trifft.

Auszug aus: VG München, Urteil v. 28.11.2017 – M 4 K 16.3992[43]

UNTERSAGUNG DER EINREISE UND DES AUFENTHALTS FÜR SECHS JAHRE

Der 1982 geborene Kläger besitzt die polnische Staatsangehörigkeit und […] arbeitete zusammen mit seiner Mutter und seinem Stiefvater als Reinigungskraft an verschiedenen Einsatzorten und war dementsprechend freizügigkeitsberechtigt i. S. v. § 2 FreizügG/EU. Mit Urteil vom 7. Dezember 2015, rechtskräftig seit dem 24. Juni 2016 (836 Ds 262 Js 165487/15), verurteilte das Amtsgericht München den Kläger wegen Diebstahls in vier tatmehrheitlichen Fällen zu einer Gesamtfreiheitsstrafe von zwei Jahren. Dem lag zugrunde, dass der Kläger in der Zeit von Mai 2015 bis Juni 2015 viermal in eine Zahnarztpraxis eindrang und unter anderem

43 VG München Urt. v. 28.11.2017 – M 4 K 16.3992, BeckRS 2017, 146770.

Gegenstände wie Digitalkameras, Bildschirme, Bargeld und ein Röntgenentwicklungsgerät entwendete. Bei dem dritten Einbruch betrug der Gesamtwert der Gegenstände rund 20.000,- EUR. […]

Mit Bescheid vom 8. August 2016 stellte die Beklagte nach vorheriger Anhörung fest, dass der Kläger sein Recht auf Einreise und Aufenthalt verloren hat (Ziff. 1 des Bescheides) und untersagte seine Einreise und seinen Aufenthalt im Bundesgebiet für sechs Jahre (Ziff. 2).

12. Fälle und Lösungen

12.1 Fälle an der Binnengrenze

12.1.1 Fall 1 – Einreise mit schengenwirksamem Aufenthaltstitel

Sachverhalt:

Sie kontrollieren im 30-km-Bereich der deutsch-französischen Grenze ein Auto mit französischem Kennzeichen. Der Fahrer (T) weist sich mit einem tunesischen Reisepass aus, der vor fünf Jahren ausgestellt wurde und noch fünf Jahre gültig ist.

Beispielhafte Abbildung (dient nur zur Visualisierung)

Bild © Bayerisches Landeskriminalamt, Dokumenteninformationssystem

Darüber hinaus kann er einen schengenwirksamen französischen Aufenthaltstitel vorweisen, der noch bis Mitte nächsten Jahres gültig ist.

Er gibt an, dass er aus Frankreich kommend vor ca. zehn Minuten die Grenze überschritten hat und für drei Tage seinen Bruder in Köln besuchen will. Nach diesen drei Tagen möchte er wieder zurück nach Frankreich, da er dort lebt. Eine fahndungsmäßige Überprüfung verläuft ohne Ergebnis. Er verfügt nach Nachfrage über ausreichend finanzielle Mittel zur Bestreitung seines Lebensunterhalts.

Frage: Prüfen Sie, ob T die Voraussetzungen für die Einreise und den Aufenthalt erfüllt.

INTRO-Video zum Gliederungspunkt 1.1 [Statusprüfung]

SCAN ME

Gemäß der Fragestellung müssen Sie auf die Punkte 1 und 2 des Schemas eingehen:

1. Herausarbeiten der anzuwendenden Rechtsnormen

1.1 Statusprüfung der Person

1.2 Grenze

1.3 Beabsichtigte Dauer und Zweck des Aufenthalts

1.4 Anzuwendende Rechtsnormen nennen

2. Prüfung der Voraussetzungen der einschlägigen ausländerrechtlichen Normen

Teilaspekte des Falles 1:

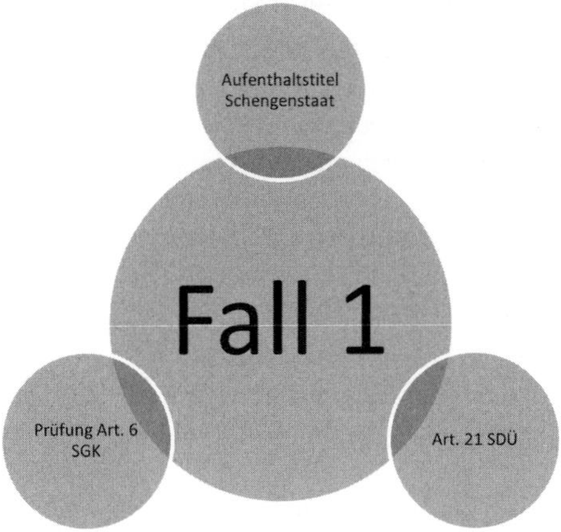

Lösungsvorschlag zum Punkt 1
[Herausarbeiten der anzuwendenden Rechtsnormen]

Statusprüfung der Person

Es handelt sich um einen ***tunesischen*** Staatsangehörigen. T ist kein Deutscher i. S. d. Art. 116 I GG und somit Ausländer i. S. d. § 2 I AufenthG.

Der T ist weder Unions-/EWR-Bürger noch Staatsangehöriger der Schweiz, und es liegen auch keine Anhaltspunkte dafür vor, dass er Familienangehöriger eines Unions-/EWR-Bürgers oder Schweizers ist, der sein Freizügigkeitsrecht in Anspruch nimmt. Somit hat er kein Recht auf freien Personenverkehr gemäß Art. 2 Nr. 5 SGK.

Somit ist er **Drittstaatsangehöriger** gemäß Art. 2 Nr. 6 SGK.

Grenze

Deutschland und Frankreich sind beide Schengen-Staaten. Folglich handelt es sich hier um eine Schengen-Binnengrenze gemäß

Art. 2 Nr. 1a SGK. Die Person wird im 30-km-Bereich kontrolliert. Somit ist die Person mit dem Überschreiten der Grenzlinie gemäß § 13 II S. 3 AufenthG vollendet eingereist.

Beabsichtigte Dauer und Zweck des Aufenthalts

Voraufenthaltszeiten sind bei T laut Sachverhalt nicht erkennbar. Die Person möchte für drei Tage ihren Bruder in Köln besuchen. Der T ist Inhaber eines schengenwirksamen Aufenthaltstitels von Frankreich. Der T lebt bereits dauerhaft in Frankreich, einem Schengen-Vollanwenderstaat. Somit handelt es sich um einen längerfristigen Aufenthalt im Schengen-Gebiet, aber um einen **Kurzaufenthalt**[44] in Deutschland.

Anzuwendende Rechtsnormen nennen

Vorrangig ist hier das SDÜ und mittelbar der SGK anzuwenden. Ergänzend kommen das AufenthG und die AufenthV zur Anwendung.

Lösungsvorschlag zum Punkt 2

[Prüfung der Voraussetzungen der einschlägigen ausländerrechtlichen Normen]

Der T könnte sich auf das Reiserecht nach Art. 21 SDÜ stützen. Dafür müssten folgende Voraussetzungen erfüllt sein.

Drittstaatsangehöriger?

Wie oben bereits geprüft, handelt es sich bei T um einen Drittstaatsangehörigen.

44 Gemäß Art. 21 I Schengener Durchführungsübereinkommen (SDÜ) können Drittausländer, die Inhaber eines gültigen, von einem der Mitgliedstaaten ausgestellten Aufenthaltstitels sind, sich aufgrund dieses Dokuments und eines gültigen Reisedokuments bis zu 90 Tage je Zeitraum von 180 Tagen frei im Hoheitsgebiet der anderen Mitgliedstaaten bewegen, sofern sie die in Artikel 5 [**gemeint ist damit Art. 6 SGK**] Absatz 1 Buchstaben a, c und e der Verordnung (EG) Nr. 562/2006 des Europäischen Parlaments und des Rates vom 15. März 2006 über einen Gemeinschaftskodex für das Überschreiten der Grenzen durch Personen (Schengener Grenzkodex) aufgeführten Einreisevoraussetzungen erfüllen und nicht auf der nationalen Ausschreibungsliste des betroffenen Mitgliedstaats stehen.

Inhaber eines Aufenthaltstitels eines Schengen-Vollanwenderstaates oder Inhaber eines nationalen D-Visums?

Laut Sachverhalt kann die Person einen schengenwirksamen französischen Aufenthaltstitel vorweisen, der noch bis Mitte nächsten Jahres gültig ist. Frankreich ist Schengen-Vollanwenderstaat und somit Mitgliedstaat i. S. v. Art. 21 SDÜ.

Geplanter Kurzaufenthalt in den anderen Schengen-Staaten (max. 90 Tage innerhalb eines Zeitraumes von 180 Tagen)?

Die Person möchte laut Sachverhalt für drei Tage ihren Bruder in Köln besuchen. T überschreitet damit nicht die zeitliche Grenze von 90 Tagen innerhalb von 180 Tagen i. S. d. Art. 21 SDÜ. Es handelt sich demnach um einen geplanten Kurzaufenthalt in einem anderen Schengen-Staat, nämlich Deutschland.

Der T müsste nun alle relevanten Voraussetzungen des Art. 6 I SGK erfüllen.

Prüfung der Voraussetzungen des Art. 6 I SGK

- ***Art. 6 I a SGK:*** *Gültiges Reisedokument?*

Die Person verfügt laut Sachverhalt über einen gültigen und i. S. d. § 3 I AufenthG anerkannten tunesischen Reisepass, der vor fünf Jahren ausgestellt wurde und noch fünf Jahre gültig ist. Somit ist die Voraussetzung gemäß Art. 6 I a SGK erfüllt.

- ***Art. 6 I c SGK:*** *Nachweis Aufenthaltszweck und der erforderlichen finanziellen Mittel?*

Die Person möchte für drei Tage ihren Bruder in Köln besuchen. T überschreitet damit nicht die zeitliche Grenze von 90 Tagen innerhalb von 180 Tagen i. S. d. Art. 21 SDÜ. Der Zweck des Besuchs steht im Einklang mit dem Regelungsinhalt des Art. 21 SDÜ. Laut Sachverhalt verfügt er über ausreichende finanzielle Mittel zur Bestreitung des Lebensunterhalts. Die Voraussetzung des Art. 6 I c SGK ist somit erfüllt.

- ***Art. 6 I e SGK:*** *Keine Gefahr oder nationale Ausschreibung?*

Eine Gefahr i. S. d. Art. 6 I e SGK ist nicht ersichtlich. Die fahndungsmäßige Überprüfung ergab keine nationale Ausschreibung. Somit ist auch diese Voraussetzung gegeben.

Ergebnis:
Der T erfüllt die Voraussetzungen für den Aufenthalt i. S. d. Art. 21 SDÜ. Er erfüllt damit alle Voraussetzungen für die Einreise und den Aufenthalt (+).

12.1.2 Fall 2 – Deutscher Reiseausweis für Flüchtlinge

Sachverhalt:

Auf einer Bundesstraße im 30-km-Bereich (Grenze Niederlande – Deutschland) stellen Sie einen irakischen Staatsangehörigen (I) mit einem deutschen Reiseausweis für Flüchtlinge (gültig von 2020 bis 2030) und einer deutschen Niederlassungserlaubnis fest. Er gibt an, dass er vor ca. 10 Minuten die Grenze überschritten hat und jetzt auf dem Weg nach Hause ist. Er gibt an, in Hannover zu wohnen. Eine fahndungsmäßige Überprüfung verläuft negativ.

Frage: Prüfen Sie, ob I die Voraussetzungen für den Aufenthalt und die Einreise erfüllt.

Bild: Aufenthaltsverordnung (AufenthV), Anlage D7a Ausweismuster Reiseausweis für Flüchtlinge nach § 4 I S. 1 Nr. 3 AufenthV
Beispielhafte Abbildung (dient nur zur Visualisierung)

Gemäß der Fragestellung müssen Sie auf die Punkte 1 und 2 des Schemas eingehen:

1. Herausarbeiten der anzuwendenden Rechtsnormen
1.1 Statusprüfung der Person
1.2 Grenze
1.3 Beabsichtigte Dauer und Zweck des Aufenthalts
1.4 Anzuwendende Rechtsnormen nennen
2. Prüfung der Voraussetzungen der einschlägigen ausländerrechtlichen Normen

Teilaspekte des Falles 2:

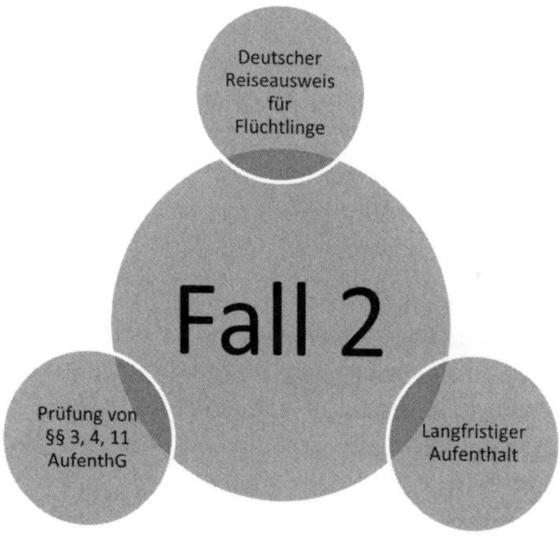

Lösungsvorschlag zum Punkt 1
[Herausarbeiten der anzuwendenden Rechtsnormen]
Statusprüfung der Person

Es handelt sich um einen **irakischen** Staatsangehörigen. Der I ist kein Deutscher i. S. d. Art. 116 I GG und somit Ausländer i. S. d. § 2 I AufenthG.

Der I ist weder Unions-/EWR-Bürger noch Staatsangehöriger der Schweiz, und es liegen auch keine Anhaltspunkte dafür vor, dass er Familienangehöriger eines Unions-/EWR-Bürgers oder Schweizers ist, der sein Freizügigkeitsrecht in Anspruch nimmt.

Somit hat er kein Recht auf freien Personenverkehr gemäß Art. 2 Nr. 5 SGK.

Somit ist er **Drittstaatsangehöriger** gemäß Art. 2 Nr. 6 SGK.

Grenze

Deutschland und die Niederlande sind beide Schengen-Staaten. Folglich handelt es sich hier um eine Schengen-Binnengrenze gemäß Art. 2 Nr. 1a SGK.

Die Person wird im 30-km-Bereich kontrolliert. Somit ist die Person mit dem Überschreiten der Grenzlinie gemäß § 13 II 3 AufenthG vollendet eingereist.

Beabsichtigte Dauer und Zweck des Aufenthalts

Die Person gibt an, auf dem Weg nach Hause zu sein. I ist im Besitz einer Niederlassungserlaubnis und lebt in Hannover. Folglich handelt es sich um einen **langfristigen Aufenthalt**.

Anzuwendende Rechtsnormen nennen

Hier findet das AufenthG, ergänzend die AufenthV Anwendung.

Lösungsvorschlag zum Punkt 2 [Prüfung der Voraussetzungen der einschlägigen ausländerrechtlichen Normen]

> Hinweis: Die Person I lebt bereits in Deutschland und demzufolge handelt es sich um einen längerfristigen Aufenthalt. Geprüft werden müssen hier insbesondere die §§ 3 und 4 des AufenthG. Bearbeiten Sie die §§ 3 und 4 AufenthG (wie gewohnt) mit dem 3er-Schritt der Subsumtion (Definition-Subsumtion-Ergebnis). Gehen Sie im Anschluss noch auf den § 11 AufenthG ein.

- ***§ 3 AufenthG – Passpflicht***

Gemäß § 3 I S. 1 AufenthG dürfen Ausländer nur in das Bundesgebiet einreisen oder sich darin aufhalten, wenn sie einen anerkannten und gültigen Pass oder Passersatz haben, sofern sie von der Passpflicht nicht durch Rechtsverordnung befreit sind.

Der I ist im Besitz eines gültigen deutschen Reiseausweises für Flüchtlinge. Dieser ist in § 4 I Nr. 3 AufenthV als deutsches Passersatzpapier für Ausländer erwähnt. Der I erfüllt somit die Passpflicht nach § 3 AufenthG.

- ***§ 4 AufenthG – Aufenthaltstitelpflicht***

Gemäß § 4 AufenthG bedarf jeder Ausländer für die Einreise und den Aufenthalt im Bundesgebiet eines Aufenthaltstitels, sofern nicht durch Recht der Europäischen Union oder durch Rechtsverordnung etwas anderes bestimmt ist oder auf Grund des Abkommens vom 12. September 1963 zur Gründung einer Assoziation zwischen der Europäischen Wirtschaftsgemeinschaft und der Türkei.

Der I ist Inhaber einer deutschen Niederlassungserlaubnis. Diese ist ein Aufenthaltstitel gemäß § 4 I Nr. 3 AufenthG i. V. m. § 9 I AufenthG, unbefristet gültig und berechtigt grundsätzlich zur Aufnahme einer Erwerbstätigkeit.

Somit erfüllt I die Aufenthaltstitelpflicht gemäß § 4 I AufenthG.

Gegen den I besteht auch kein Einreise- und Aufenthaltsverbot nach § 11 AufenthG.

Ergebnis:
Da I die Passpflicht gemäß § 3 I AufenthG, die Aufenthaltstitelpflicht gemäß § 4 AufenthG erfüllt und gegen ihn auch kein Verbrot nach § 11 AufenthG vorliegt, hat er ein Recht auf Einreise und Aufenthalt im Bundesgebiet.

MERKE: Bei längerfristigen Aufenthalten (Kontrolle an der Binnengrenze!) müssen Sie die §§ 3, 4 und 11 AufenthG prüfen.

12.1.3 Fall 3 – Negativstaater mit Visum

Sachverhalt:
Sie kontrollieren im 30-km-Bereich der deutsch-französischen Grenze ein Auto mit französischem Kennzeichen. Der Fahrer (A) weist sich mit einem algerischen Reisepass aus, der vor fünf Jahren ausgestellt wurde und noch fünf Jahre gültig ist.

Im Reisepass befindet sich ein gültiges Schengen-Visum der Kat. C, -1- Einreise und -14- Tage Aufenthalt. Die Einreise erfolgte vor zwei Tagen über den Flughafen Paris.

Er gibt an, dass er aus Frankreich kommend vor ca. zehn Minuten die Grenze überschritten hat und sich für fünf Tage aus touristischen Gründen in Deutschland aufhalten möchte. Nach diesen fünf Tagen möchte er wieder zurück nach Frankreich, da er von dort wieder zurück nach Algerien fliegt. Eine fahndungsmäßige Überprüfung verläuft ohne Ergebnis. Er verfügt nach Nachfrage über ausreichende finanzielle Mittel zur Bestreitung seines Lebensunterhalts.

Frage: Prüfen Sie, ob A die Voraussetzungen für die Einreise und den Aufenthalt erfüllt.

Gemäß der Fragestellung müssen Sie auf die Punkte 1 und 2 des Schemas eingehen:

1. Herausarbeiten der anzuwendenden Rechtsnormen

1.1 Statusprüfung der Person

1.2 Grenze
1.3 Beabsichtigte Dauer und Zweck des Aufenthalts
1.4 Anzuwendende Rechtsnormen nennen

2. Prüfung der Voraussetzungen der einschlägigen ausländerrechtlichen Normen

Teilaspekte des Falles 3:

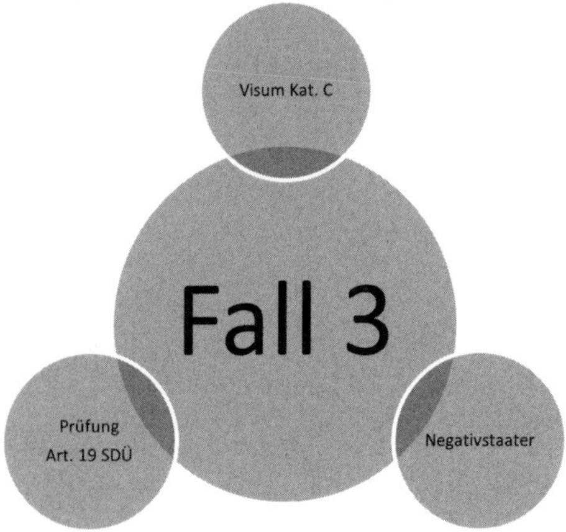

Lösungsvorschlag zum Punkt 1
[Herausarbeiten der anzuwendenden Rechtsnormen]
Statusprüfung der Person

Es handelt sich um einen ***algerischen*** Staatsangehörigen. A ist kein Deutscher i. S. d. Art. 116 I GG und somit Ausländer i. S. d. § 2 I AufenthG.

Der A ist weder Unions-/EWR-Bürger noch Staatsangehöriger der Schweiz und es liegen auch keine Anhaltspunkte dafür vor, dass er Familienangehöriger eines Unions-/EWR-Bürgers oder Schweizers ist, der sein Freizügigkeitsrecht in Anspruch nimmt. Somit hat er kein Recht auf freien Personenverkehr gemäß Art. 2 Nr. 5 SGK.

Somit ist er **Drittstaatsangehöriger** gemäß Art. 2 Nr. 6 SGK.

Grenze

Deutschland und Frankreich sind beide Schengen-Staaten. Folglich handelt es sich hier um eine Schengen-Binnengrenze gemäß

Art. 2 Nr. 1a SGK. Die Person wird im 30-km-Bereich kontrolliert. Somit ist die Person mit dem Überschreiten der Grenzlinie gemäß § 13 II 3 AufenthG vollendet eingereist.

Beabsichtigte Dauer und Zweck des Aufenthalts

Voraufenthaltszeiten sind bei A laut Sachverhalt erkennbar. Er hat sich bereits zwei Tage in Frankreich aufgehalten. Die Person möchte nun für fünf Tage Deutschland besuchen. Somit handelt es sich um einen Kurzaufenthalt im Schengen-Gebiet.

Anzuwendende Rechtsnormen nennen

Vorrangig ist hier das SDÜ und mittelbar der SGK anzuwenden. Ergänzend kommen das AufenthG und die AufenthV zur Anwendung.

Lösungsvorschlag zum Punkt 2

[Prüfung der Voraussetzungen der einschlägigen ausländerrechtlichen Normen]

Der A könnte sich auf das Reiserecht nach Art. 19 SDÜ stützen. Dafür müssten folgende Voraussetzungen erfüllt sein.

Drittstaatsangehöriger?

Wie oben (Punkt 1.1) bereits geprüft, handelt es sich um einen Drittstaatsangehörigen, der über die Schengen-Binnengrenze eingereist ist und einen Kurzaufenthalt plant.

Sichtvermerkspflichtig?

Algerien ist in Anhang I der EUVisaVO gelistet. Somit ist der A gemäß Art. 3 I i. V. m. Anhang I EUVisaVO sichtvermerkspflichtig.

Inhaber eines einheitlichen Sichtvermerks?

Die Person ist Inhaber eines gültigen Schengen-Visums der Kategorie C. Somit ist A Inhaber eines einheitlichen Sichtvermerkes i. S. d. Art. 19 SDÜ.

Weiterhin müsste die Person folgende Voraussetzungen des Art. 6 I SGK erfüllen.

Prüfung der Voraussetzungen des Art. 6 I SGK

- ***Art. 6 I a SGK:*** *Gültiges Reisedokument?*

Die Person verfügt laut Sachverhalt über einen gültigen und i. S. d. § 3 I AufenthG anerkannten algerischen Reisepass, der vor fünf Jahren ausgestellt wurde und noch fünf Jahre gültig ist. Somit ist die Voraussetzung gemäß Art. 6 I a SGK erfüllt.

- ***Art. 6 I c SGK:*** *Nachweis Aufenthaltszweck und der erforderlichen finanziellen Mittel?*

Die Person möchte fünf Tage in Deutschland verbringen. A überschreitet daher insgesamt nicht die zeitliche Grenze von 90 Tagen innerhalb von 180 Tagen i. S. d. Art. 20 SDÜ. Der Zweck des Besuchs steht im Einklang mit dem Regelungsinhalt des Art. 20 SDÜ. Laut Sachverhalt verfügt er über ausreichende finanzielle Mittel zur Bestreitung des Lebensunterhalts. Die Voraussetzung des Art. 6 I c SGK ist somit erfüllt.

- ***Art. 6 I d SGK:*** *Keine Ausschreibung im SIS zur Einreiseverweigerung?*

Eine fahndungstechnische Überprüfung verlief negativ. Somit ist auch diese Voraussetzung gegeben.

- ***Art. 6 I e SGK:*** *Keine Gefahr oder nationale Ausschreibung?*

Eine Gefahr i. S. d. Art. 6 I e SGK ist nicht ersichtlich. Die fahndungsmäßige Überprüfung ergab keine nationale Ausschreibung. Somit ist auch diese Voraussetzung gegeben.

Ergebnis:

Der A erfüllt die Voraussetzungen für den Aufenthalt i. S. d. Art. 19 SDÜ.

12.1.4 Fall 4 – Arbeitsaufnahme im Restaurant

Sachverhalt:

An der B 2 zwischen Stettin und Gartz/Oder, unmittelbar hinter dem ehemaligen Grenzübergang Rosow, halten Sie einen PKW mit polnischen Kennzeichen an, der soeben die Grenze von Polen nach Deutschland überfahren hat. Der Fahrzeugführer händigt Ihnen einen am 27.04.2022 ausgestellten und bis 26.04.2032 gültigen und anerkannten nepalesischen Reisepass aus.

Darüber hinaus ist er im Besitz eines schengenweit gültigen Aufenthaltstitels (Karta pobytu) ausgestellt von Polen. Die Person gibt an, sechs Wochen in Deutschland Urlaub machen zu wollen. Jedoch hat er keinerlei Nachweise bezüglich Hotelreservierungen oder sonstige Nachweise, die auf einen geplanten Urlaub hindeuten. Er verfügt über 250 Euro in bar und keine weiteren Kreditkarten. Eine Datenabfrage verläuft negativ. Auf weitere Nachfragen gibt die Person an, dass er eine Anstellung als Kellner im Restaurant seines Bruders beabsichtigt. Die Anstellung beginnt in sieben Tagen für die nächsten fünf Wochen.

Frage 1: Prüfen Sie, ob sich die Person (nachfolgend N) in Deutschland aufhalten darf.

Im Anschluss bearbeiten Sie die folgenden Fragen:

- **Frage 2:** Erläutern Sie die nun gegen N zu treffende aufenthaltsrechtliche Maßnahme.
- **Frage 3:** Prüfen Sie die Strafbarkeit der Person N in Bezug auf die Einreise. Hinweis: Es ist nur der Tatbestand zu prüfen.

Teilaspekte des Falles 4:

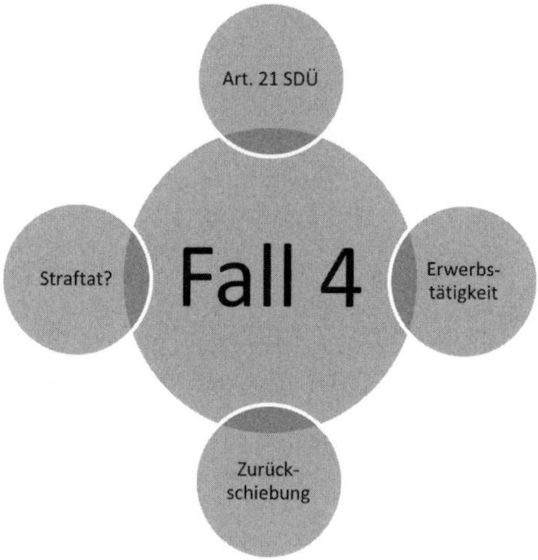

Zur Frage 1:

Gemäß der Fragestellung müssen Sie auf die Punkte 1 und 2 des Schemas eingehen:

1. Herausarbeiten der anzuwendenden Rechtsnormen
1.1 Statusprüfung der Person
1.2 Grenze
1.3 Beabsichtigte Dauer und Zweck des Aufenthalts
1.4 Anzuwendende Rechtsnormen nennen
2. Prüfung der Voraussetzungen der einschlägigen ausländerrechtlichen Normen

Lösungsvorschlag zum Punkt 1
[Herausarbeiten der anzuwendenden Rechtsnormen]
Statusprüfung der Person

N ist **nepalesischer** Staatsangehöriger. Er ist kein Deutscher i. S. d. Art. 116 I GG und somit Ausländer gemäß § 2 I AufenthG.

Die Person ist weder Unions- noch EWR-Bürger und auch kein Staatsangehöriger der Schweiz. Es liegen keine Anhaltspunkte dafür vor, dass er Familienangehöriger eines der oben genannten Bürger ist, welcher sein Recht auf Freizügigkeit in Anspruch nimmt und somit hat die Person auch keinen Anspruch auf freien Personenverkehr i. S. d. Art. 2 Nr. 5 SGK.

Demnach ist N **Drittstaatsangehöriger** i. S. d. Art 2 Nr. 6 SGK.

Grenze

Deutschland und Polen sind beide Schengen-Staaten. Folglich handelt es sich hier um eine Schengen-Binnengrenze gemäß Art. 2 Nr. 1a SGK. Die Person wird im 30-km-Bereich kontrolliert. Somit ist die Person mit dem Überschreiten der Grenzlinie gemäß § 13 II S. 3 AufenthG vollendet eingereist.

Beabsichtigte Dauer und Zweck des Aufenthalts

Aufgrund des Aufenthaltstitels von Polen hat die Person einen langfristigen Aufenthalt im Schengen-Raum. Gemäß Art. 6 II S. 2 SGK ist die Aufenthaltszeit im Ausstellerstaat des Aufenthaltstitels jedoch nicht zu berücksichtigen.

Der N gibt an, für sechs Wochen in Deutschland Urlaub machen zu wollen. Demnach handelt es sich also um einen Kurzaufenthalt i. S. d. Art. 6 I SGK i. V. m. Art. 20 I SDÜ, weniger als 90 Tage innerhalb von 180 Tagen. Voraufenthaltszeiten in anderen Schengen-Staaten sind nicht ersichtlich.

Anzuwendende Rechtsnormen nennen

Vorrangig ist das SDÜ, mittelbar der SGK anzuwenden. Nachrangig ist das AufenthG und die AufenthV anzuwenden.

Lösungsvorschlag zum Punkt 2
[Prüfung der Voraussetzungen der einschlägigen ausländerrechtlichen Normen]

Wie bereits geprüft, ist N Drittstaatsangehöriger, welcher über die Schengen-Binnengrenze eingereist ist und einen Kurzaufenthalt plant. Hier könnte das Reise- und Aufenthaltsrecht nach Art. 21 I SDÜ in Betracht kommen.

N ist im Besitz eines schengenweit gültigen Aufenthaltstitels von Polen. Somit ist er Inhaber eines von einem anderen Schengen-Staat ausgestellten Aufenthaltstitels.

Prüfung der Voraussetzungen des Art. 6 I a, c, e SGK

- ***Art. 6 I a SGK:*** *Gültiges Reisedokument?*

Die Person verfügt laut Sachverhalt über einen gültigen und i. S. d. § 3 I AufenthG anerkannten nepalesischen Reisepass. Somit ist der Reisepass gültig und in den vergangenen 10 Jahren ausgestellt. N erfüllt somit Art. 6 Ia SGK.

- ***Art. 6 I c SGK:*** *Nachweis Aufenthaltszweck und der erforderlichen finanziellen Mittel?*

N gibt an, für sechs Wochen Urlaub in Deutschland machen zu wollen. Dies kann er jedoch nicht durch Hotelbuchungen oder Einladungsschreiben belegen. Weiterhin hat er lediglich 250 Euro in bar, was bei einem Richtbetrag von 45 Euro pro Tag (in Deutschland) nicht zur Bestreitung seines Lebensunterhaltes ausreichen würde.

Auf weitere Nachfragen gab N an, dass sein Reisezweck die Aufnahme einer Erwerbstätigkeit für fünf Wochen ist. Die Anstellung als Kellner ist eine Erwerbstätigkeit im Sinne des AufenthG und unterliegt einem Verbotsvorbehalt und einer Erlaubnis. Diese Erlaubnis würde durch ein dafür beantragtes Visum erteilt. Gemäß § 17 I AufenthV benötigen Inhaber eines Aufenthaltstitels von einem anderen Schengen-Staat ein Visum, wenn sie die Erwerbstätigkeit ausüben. N ist <u>nicht</u> im Besitz eines solchen Visums und die Aufnahme der Erwerbstätigkeit soll in sieben Tagen erfolgen. Die Beantragung und die Erteilung eines Visums, welches die Erwerbstätigkeit erlaubt, ist durch den Drittstaatsangehörigen vor der Einreise beim zuständigen (deutschen) Konsulat einzuholen und die Bearbeitungszeit würde mehrere Wochen in Anspruch nehmen. Die Aufnahme einer Erwerbstätigkeit ohne erforderliches Visum ist nicht mit dem Reise- und Aufenthaltsrecht nach Art. 21 I SDÜ zu vereinbaren.

Zunächst ein ZWISCHENERGEBNIS zu Art. 6 I c SGK:
Somit erfüllt N den Art. 6 I c SGK nicht.

- ***Art. 6 I d SGK:*** *Keine Ausschreibung im SIS zur Einreiseverweigerung?*

Eine fahndungstechnische Überprüfung verlief negativ. Somit ist diese Voraussetzung gegeben.

- ***Art. 6 I e SGK:*** *Keine Gefahr oder nationale Ausschreibung?*

Die fahndungsmäßige Überprüfung ergab keine nationale Ausschreibung.

ABER:

Eine Gefahr i. S. d. Art. 6 I e SGK ist deshalb ersichtlich, da die Person eine Erwerbstätigkeit aufnehmen möchte, ohne im Besitz eines dafür erforderlichen Aufenthaltstitels zu sein. **Somit ist auch diese Voraussetzung nicht gegeben.**

Zwischenergebnis

Da N die geforderten Einreisevoraussetzungen gemäß Art 6 I c und e SGK nicht erfüllt, kann er sein Reise- und Aufenthaltsrecht nach Art. 21 I SDÜ nicht in Anspruch nehmen und sich demnach nicht nach dem Schengenrecht in Deutschland aufhalten.

Demnach wären hier die nationalen Einreise- und Aufenthaltsvoraussetzungen von N zu erfüllen.

Fortsetzung der Prüfung nach nationalem Recht

Wie bereits oben geprüft, ist N im Besitz eines gültigen Reisepasses. Demnach erfüllt er § 3 I AufenthG, nämlich die Passpflicht.

Wie oben ebenfalls bereits geprüft, benötigen Drittstaatsangehörige, die Inhaber eines Aufenthaltstitels von einem anderen Schengen-Staat sind, für das Ausüben der Erwerbstätigkeit gemäß § 17 I AufenthV bei geplantem Kurzaufenthalt ein Visum i. S. d § 6 I Nr. 1 AufenthG, C-Visum. Ein solches Visum besitzt N nicht. Somit erfüllt er die AT-Pflicht nach § 4 I AufenthG nicht.

Weiterhin hat N keine nationale Einreisesperre gemäß § 11 AufenthG.

N erfüllt die AT-Pflicht nach § 4 I AufenthG nicht und somit auch die nationalen Einreise- und Aufenthaltsvoraussetzungen nicht.

ERGEBNIS:

Er darf sich weder nach Schengen-Recht noch nach nationalem Recht in Deutschland aufhalten.

Zur Frage 2: Erläutern Sie die nun gegen N zu treffende aufenthaltsrechtliche Maßnahme.

Die zutreffende Maßnahme wäre hier die Zurückschiebung nach § 57 II Alt. 1 AufenthG.

Da N nicht im Besitz eines erforderlichen Aufenthaltstitels ist, ist er gemäß § 50 I AufenthG zur Ausreise verpflichtet. Weiterhin war auch die Einreise des N ohne erforderlichen Aufenthaltstitel i. S. d § 14 I Nr. 2 AufenthG unerlaubt. Dies führt gemäß § 58 II Nr. 1 AufenthG zur vollziehbaren Ausreisepflicht.

Deutschland hat mit Polen ein Rückübernahmeabkommen. Da die Einreise vor kurzer Zeit staatgefunden hat, erfolgte der Aufgriff im unmittelbaren Zusammenhang mit der unerlaubten Einreise.

Somit liegen die Voraussetzungen für die Zurückschiebung nach § 57 II Alt. 1 AufenthG vor.

Zur Frage 3: Prüfen Sie die Strafbarkeit der Person N in Bezug auf die Einreise. Hinweis: Es ist nur der Tatbestand zu prüfen.

[Einleitender Obersatz]

N könnte sich durch den fehlenden Aufenthaltstitel im Zusammenhang mit der beabsichtigten Aufnahme einer Erwerbstätigkeit der unerlaubten Einreise gemäß § 95 I Nr. 3 AufenthG strafbar gemacht haben.

Der § 95 I Nr. 3 AufenthG verweist dabei auf eine Einreise entgegen § 14 I Nr. 1 oder Nr. 2 AufenthG. In Betracht kommt hier § 14 I Nr. 2 AufenthG, nämlich die unerlaubte Einreise ohne Besitz eines nach § 4 AufenthG erforderlichen Aufenthaltstitels.

1. TBM: Ausländer?

Ausländer ist jede Person, die nicht die deutsche Staatsangehörigkeit i. S. d. Art. 116 I GG besitzt. N ist, wie bereits oben geprüft, Drittstaatsangehöriger und somit Ausländer gemäß § 2 I AufenthG.

2. TBM: Einreise (hier: Schengen-Binnengrenze)?

Ein Ausländer ist über die Schengen-Binnengrenze dann in das Bundesgebiet eingereist, wenn er die Grenzlinie überschritten hat (§ 13 II S. 3 AufenthG). N hat die Grenze von Polen nach Deutschland am ehemaligen Grenzübergang Rosow überquert und ist somit vollendet eingereist.

3. TBM: Entgegen der AT-Pflicht nach § 14 I Nr. 2 AufenthG?

Die Einreise eines Ausländers ist unerlaubt, wenn er gemäß § 14 I Nr. 2 AufenthG entgegen § 4 I AufenthG (AT-Pflicht) eingereist ist. Gemäß § 4 I AufenthG benötigt grundsätzlich jeder Ausländer für die Einreise einen Aufenthaltstitel, es sei denn, das EU-Recht oder die AufenthV bestimmen etwas Anderes.

Exkurs:

- *Durch die Rechtsprechung des Bundesgerichtshofes (BGH) wurde der Begriff des Aufenthaltstitels im strafrechtlichen Sinne erweitert. Bis Ende Januar 2021 galt für das ausländerrechtliche Strafrecht, dass nur die in § 4 I AufenthG genannten Aufenthaltstitel als solche gelten. Demnach hätte sich N, aufgrund des fehlenden C-Visums, welcher ein Aufenthaltstitel gemäß § 4 I Nr. 1 AufenthG ist, der unerlaubten Einreise gemäß § 95 I Nr. 3 AufenthG strafbar gemacht.*
- *Durch die **Entscheidung des BGH vom 26.1.2021 – 1 StR 289/20** legte das Gericht durch seine Argumentation fest, dass auf das **objektive Vorhandensein** eines schengenweit gültigen Aufenthaltstitels oder D-Visums zu achten ist. Ist der Drittstaatsangehörige also im Besitz eines dieser Dokumente, dann kann er sich **nicht** der unerlaubten Einreise nach § 95 I Nr. 3 AufenthG i. V. m. § 14 I Nr. 2 AufenthG strafbar machen. Das Gleiche gilt auch für Positivstaater, da diese schengenrechtlich (objektiv betrachtet) kein Visum für den Kurzaufenthalt benötigen.*

Gemäß der o.g. Entscheidung des BGH umfasst im Nebenstrafrecht des Aufenthaltsrechts der Begriff „Aufenthaltstitel“ alle schengenwirksamen Aufenthaltstitel und D-Visa der Mitgliedsstaaten (Art. 21 SDÜ). Dies gilt entsprechend auch für sog. Positivstaater (Art. 20 SDÜ) bis 90 Tage in 180 Tagen.[45]

45 BGH, Urt. v. 26.1.2021 (1 StR 289/20), Rn. 55 ff.

Durch die Rechtsprechung wurde also eine strikte Trennung von ausländerrechtlichem Verwaltungsrecht, in Bezug auf die Definition Aufenthaltstitel, und dem ausländerrechtlichen Strafrecht erwirkt.

<u>Für das ausländerrechtliche Verwaltungsrecht lautet die Definition:</u>

- **= Aufenthaltstitel sind nur die in § 4 I AufenthG genannten Aufenthaltstitel.**

<u>Für das ausländerrechtliche Nebenstrafrecht lautet die Definition:</u>

- **= Aufenthaltstitel sind alle schengenweit gültigen Aufenthaltstitel und D-Visa der Mitgliedsstaaten. Objektiv zu beachten ist auch eine Visumsbefreiung nach EU-Recht.**

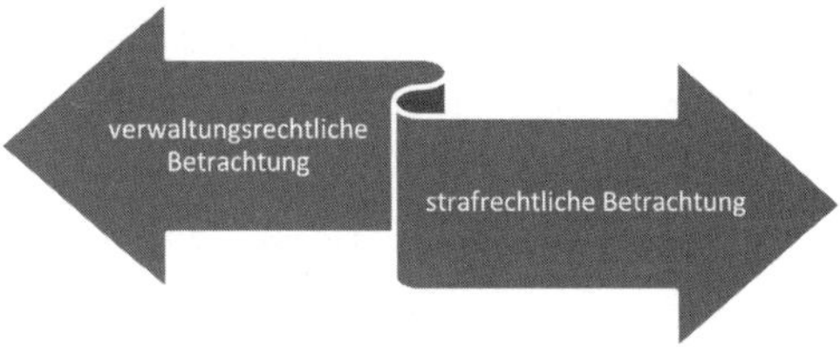

Demnach lässt sich für den Sachverhalt Folgendes subsumieren. N ist – objektiv betrachtet – im Besitz eines gültigen Aufenthaltstitels von Polen, welcher schengenweit gültig ist. Demnach ist seine Einreise nach Deutschland nicht unerlaubt.

<u>ERGEBNIS:</u>

Der Tatbestand des § 95 I Nr. 3 AufenthG ist <u>nicht</u> erfüllt.

12.2 Fälle an der Außengrenze

12.2.1 Fall 1 – Positivstaater (Kurzaufenthaltsrecht)

Sachverhalt:

<u>BPOLI Flughafen Hamburg</u>: Zur grenzpolizeilichen Einreisekontrolle des Fluges aus New York/USA erscheint die costa-ricanische Staatsangehörige (M). Diese weist sich mit einem zeitlich gültigen und anerkannten Reisepass von Costa Rica aus.

Beispielhafte Abbildung (dient nur zur Visualisierung)

Bild © Bayerisches Landeskriminalamt, Dokumenteninformationssystem

Sie gibt an, eine Woche Urlaub in Hamburg machen zu wollen und anschließend wieder zurückzureisen. Sie verfügt über ausreichende finanzielle Mittel. Eine fahndungstechnische Überprüfung verläuft negativ.

Frage: Prüfen Sie, ob die Person M die Voraussetzungen für die Einreise erfüllt.

Teilaspekte des Falles 1:

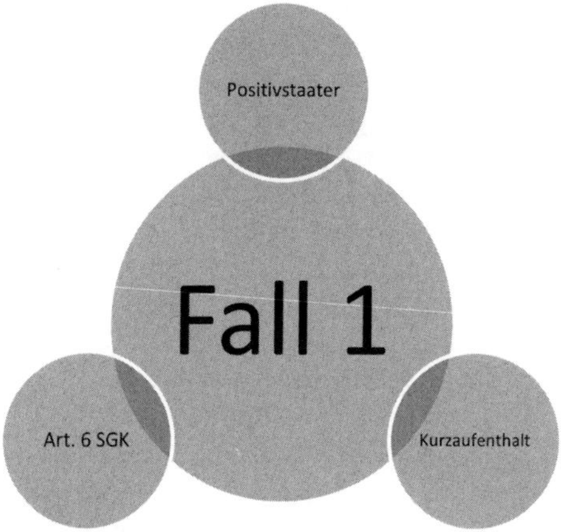

Gemäß der Fragestellung müssen Sie auf die Punkte 1 und 2 des Schemas eingehen:

1. Herausarbeiten der anzuwendenden Rechtsnormen
1.1 Statusprüfung der Person
1.2 Grenze
1.3 Beabsichtigte Dauer und Zweck des Aufenthalts
1.4 Anzuwendende Rechtsnormen nennen
2. Prüfung der Voraussetzungen der einschlägigen ausländerrechtlichen Normen

Lösungsvorschlag zum Punkt 1
[Herausarbeiten der anzuwendenden Rechtsnormen]
Statusprüfung der Person

Es handelt sich um eine Person aus **Costa Rica**. M ist keine Deutsche i. S. d. Art. 116 I GG und somit Ausländerin i. S. d. § 2 I AufenthG.

Die M ist weder Unions-/EWR-Bürgerin noch Staatsangehörige der Schweiz, und es liegen auch keine Anhaltspunkte dafür vor, dass sie Familienangehörige eines Unions-/EWR-Bürgers oder Schweizers ist, die ihr Freizügigkeitsrecht in Anspruch nimmt.

Somit hat sie kein Recht auf freien Personenverkehr gemäß Art. 2 Nr. 5 SGK.

Somit ist sie **Drittstaatsangehörige** gemäß Art. 2 Nr. 6 SGK.

Grenze

Die USA sind kein Schengen-Staat i. S. d. SGK. Deutschland ist ein Schengen-Staat. Folglich handelt es sich hier um eine Schengen-Außengrenze gemäß Art. 2 Nr. 2 SGK. Diese wurde von M überflogen. Die Person befindet sich noch in der Einreisekontrolle. Die Einreise der M ist somit gemäß § 13 II S. 1 AufenthG noch nicht vollendet.

Beabsichtigte Dauer und Zweck des Aufenthalts

Voraufenthaltszeiten sind bei M laut Sachverhalt nicht erkennbar. Die Person möchte sich für eine Woche im Schengen-Raum zu touristischen Zwecken aufhalten. Sie überschreitet damit nicht den Zeitraum von 90 Tagen je Zeitraum von 180 Tagen. Es handelt sich demnach um einen **Kurzaufenthalt** im Schengen-Gebiet gemäß Art. 6 I SGK.

Anzuwendende Rechtsnormen nennen

Vorrangig sind der SGK und die EUVisaVO und das SDÜ anzuwenden.

Ergänzend kommen das AufenthG und die AufenthV zur Anwendung.

Lösungsvorschlag zum Punkt 2
[Prüfung der Voraussetzungen der einschlägigen ausländerrechtlichen Normen]

Vorüberlegung: Laut Aufgabenstellung wird nur nach den Voraussetzungen für die Einreise gefragt. Somit ist nur der Art. 6 I SGK zu prüfen. Die Voraussetzungen für den Aufenthalt sind hier nicht gefragt. In Betracht käme hier der Art. 20 SDÜ (Reiserecht für Positivstaater).

Die M müsste die Einreisevoraussetzungen des Art. 6 I SGK erfüllen.

Wie bereits oben festgestellt, handelt es sich um eine Drittstaatsangehörige, welche die Schengen-Außengrenze überschreitet und für die Dauer eines Kurzaufenthalts einreisen möchte.

- **Art. 6 I a SGK: Gültiges Reisedokument?**

Die Costa-Ricanerin M weist sich mit einem zeitlich gültigen und i. S. d. § 3 I AufenthG anerkannten Reisepass Costa Rica aus. Es ist davon auszugehen, dass der Reisepass nach geplanter Ausreise noch mindestens drei Monate gültig ist und in den vergangenen zehn Jahren ausgestellt wurde.

Somit ist die Voraussetzung gemäß Art. 6 I a SGK erfüllt.

- **Art. 6 I b SGK: Gültiges Visum, soweit erforderlich?**

Costa Rica ist im Anhang II der EUVisaVO gelistet. Die Person ist demnach nach Art. 4 I i. V. m. dem Anhang II EUVisaVO für die Dauer eines Kurzaufenthalts von der Visumpflicht befreit.

- **Art. 6 I c SGK: Anerkannter Zweck und ausreichende Mittel?**

Die M möchte für eine Woche Urlaub in Hamburg machen. Dieser touristische Zweck ist von der EUVisaVO erfasst. Sie verfügt laut Sachverhalt über ausreichende finanzielle Mittel. Somit ist auch diese Voraussetzung erfüllt.

- **Art. 6 I d SGK: Keine Ausschreibung im SIS zur Einreiseverweigerung?**

Eine Ausschreibung im SIS zur Einreiseverweigerung liegt erkennbar nicht vor.

▸ **Art. 6 I e SGK: Keine Gefahr oder nationale Ausschreibung?**
Die M stellt ersichtlich keine Gefahr dar und ist auch nicht national ausgeschrieben. Somit ist auch diese Voraussetzung erfüllt.

Ergebnis:
Insgesamt erfüllt die M die Einreisevoraussetzungen gemäß Art. 6 I SGK (und darf demnach einreisen).

12.2.2 Fall 2 – Einreise mit deutscher Aufenthaltserlaubnis

Sachverhalt:

Flughafen München: Zur grenzpolizeilichen Einreisekontrolle des Fluges aus Peking (China) erscheint der chinesische Staatsangehörige (C). Dieser weist sich mit einem zeitlich gültigen und anerkannten chinesischen Reisepass und einer deutschen Aufenthaltserlaubnis aus.

Er gibt an, in Deutschland zu wohnen.

Frage: Prüfen Sie, ob C die Voraussetzungen für die Einreise erfüllt.

Teilaspekte des Falles 2:

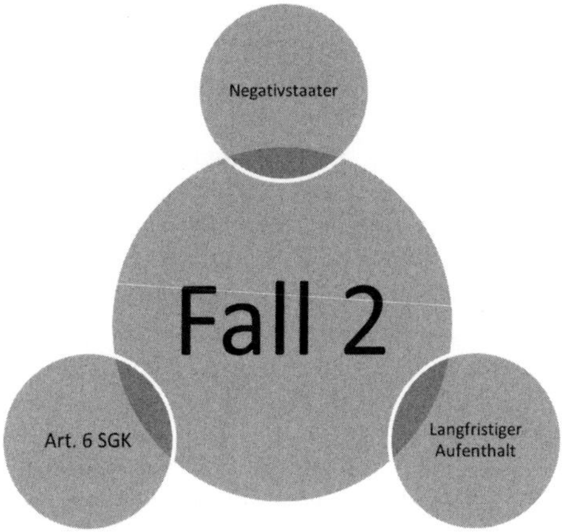

Gemäß der Fragestellung müssen Sie auf die Punkte 1 und 2 des Schemas eingehen:

1. Herausarbeiten der anzuwendenden Rechtsnormen
1.1 Statusprüfung der Person
1.2 Grenze
1.3 Beabsichtigte Dauer und Zweck des Aufenthalts
1.4 Anzuwendende Rechtsnormen nennen
2. Prüfung der Voraussetzungen der einschlägigen ausländerrechtlichen Normen

Lösungsvorschlag zum Punkt 1
[Herausarbeiten der anzuwendenden Rechtsnormen]
Statusprüfung der Person

Es handelt sich um einen **chinesischen** Staatsangehörigen. C ist kein Deutscher i. S. d. Art. 116 I GG und somit Ausländer i. S. d. § 2 I AufenthG.

Der C ist weder Unions-/EWR-Bürger noch Staatsangehöriger der Schweiz, und es liegen auch keine Anhaltspunkte dafür vor, dass er Familienangehöriger eines Unions-/EWR-Bürgers oder Schweizers ist, der sein Freizügigkeitsrecht in Anspruch nimmt.

Somit hat er kein Recht auf freien Personenverkehr gemäß Art. 2 Nr. 5 SGK.

Somit ist er **Drittstaatsangehöriger** gemäß Art. 2 Nr. 6 SGK.

Grenze

China ist kein Schengen-Staat i. S. d. SGK. Deutschland ist ein Schengen-Staat. Folglich handelt es sich hier um eine Schengen-Außengrenze gemäß Art. 2 Nr. 2 SGK. Diese wurde überflogen. Die Person befindet sich noch in der Einreisekontrolle. Die Einreise ist somit gemäß § 13 II S. 1 AufenthG noch nicht vollendet.

Beabsichtigte Dauer und Zweck des Aufenthalts

Der C gibt an, hier in Deutschland zu wohnen. Somit plant er einen **langfristigen** Aufenthalt im Bundesgebiet.

Anzuwendende Rechtsnormen nennen

Vorrangig ist der SGK zu prüfen, ergänzend kommen das AufenthG und die AufenthV zur Anwendung.

Erläuternde Hinweise dazu:

→ Grundsätzlich gilt, wie bereits vermittelt und gelernt, folgende Grundregel:

Kurzfristiger Aufenthalt (bis zu 90 Tage ...)	= Vorrangig kommen der SGK und die EUVisaVO zur Anwendung.
Langfristiger Aufenthalt	= Vorrangig sind das AufenthG und die AufenthV zu prüfen

Folgende Ausnahme von dieser Grundregel besteht:

Erscheint, wie hier, ein Drittstaatsangehöriger bei einer Schengen-Außengrenzkontrolle, ist der Kontrollstandard nach Art. 8 III SGK anzuwenden. In Art. 8 III a SGK wird dann auf die Prüfung der Einreisevoraussetzungen nach Art. 6 SGK verwiesen. Diese Ausnahme müssen Sie sich unbedingt merken.

> **Artikel 8 (Grenzübertrittskontrollen von Personen)**
>
> [...]
>
> (3) Drittstaatsangehörige werden bei der Ein- und Ausreise wie folgt eingehend kontrolliert:
>
> a) Die eingehende Kontrolle bei der Einreise umfasst die Überprüfung der in Artikel 6 Absatz 1 festgelegten Einreisevoraussetzungen sowie gegebenenfalls der für den Aufenthalt und die Ausübung einer Erwerbstätigkeit erforderlichen Erlaubnisse. [...]

Somit kommt – wie oben bereits erwähnt – vorrangig der SGK, ergänzend das AufenthG und die AufenthV zur Anwendung.

Mit anderen Worten ausgedrückt:

Es ist (bei einer Außengrenzkontrolle) unerheblich, ob die Person beabsichtigt, zu einem kurzfristigen oder langfristigen Aufenthalt einzureisen.[46]

Lösungsvorschlag zum Punkt 2
[Prüfung der Voraussetzungen der einschlägigen ausländerrechtlichen Normen]

Der C müsste die Einreisevoraussetzungen des Art. 6 I SGK erfüllen.

Wie bereits oben festgestellt, handelt es sich um einen Drittstaatsangehörigen, welcher die Schengen-Außengrenze überschreitet. Die nachfolgenden Einreisevoraussetzungen des Art. 6 I SGK sind zu prüfen:

- **Art. 6 I a SGK: Gültiges Reisedokument?**

Der Chinese weist sich mit einem zeitlich gültigen und i. S. d. § 3 I AufenthG anerkannten chinesischen Reisepass aus. Es ist

46 Dies entspricht auch der geltenden Weisungslage der BPOL.

davon auszugehen, dass der Reisepass in den vergangenen zehn Jahren ausgestellt wurde. Somit sind die Voraussetzungen gemäß Art. 6 I a SGK erfüllt.

► **Art. 6 I b SGK: Gültiges Visum, soweit erforderlich?**

Da der C für einen langfristigen Aufenthalt (über eine Außengrenze) einreisen möchte, kommt die EUVisaVO nicht zur Anwendung.

Allerdings findet sich in Art. 6 I b SGK die Ausnahme für Inhaber eines gültigen Aufenthaltstitels. Dann erfolgt eine Befreiung von der Visapflicht. Der C ist im Besitz einer deutschen Aufenthaltserlaubnis, einem Aufenthaltstitel gemäß Art. 2 Nr. 16 SGK.

Somit erfüllt C die Voraussetzung gemäß Art. 6 I b SGK.

► **Art. 6 I c SGK: Anerkannter Zweck und ausreichende Mittel?**

Der C wohnt in Deutschland und ist in Besitz einer deutschen Aufenthaltserlaubnis. Dieser Zweck ist vom Regelungsgehalt der Norm gedeckt. Der Nachweis finanzieller Mittel ist hier nicht erforderlich. Somit erfüllt C auch die Einreisevoraussetzung nach Art. 6 I c SGK.

► **Art. 6 I d SGK: Keine Ausschreibung im SIS zur Einreiseverweigerung?**

Eine Ausschreibung im SIS zur Einreiseverweigerung liegt erkennbar nicht vor.

► **Art. 6 I e SGK: Keine Gefahr oder nationale Ausschreibung?**

Der C stellt keine Gefahr dar und ist auch nicht national ausgeschrieben. Somit ist auch diese Voraussetzung erfüllt.

Ergebnis:

Insgesamt erfüllt der C die Einreisevoraussetzungen gemäß Art. 6 I SGK. Er darf einreisen.

12.2.3 Fall 3 – Negativstaater mit C-Visum

Sachverhalt:

<u>Flughafen München:</u> Zur grenzpolizeilichen Einreisekontrolle des Fluges aus Johannesburg (Südafrika) erscheint am 23.04.2021 der südafrikanische Staatsangehörige (S). Dieser weist sich mit einem zeitlich gültigen und anerkannten südafrikanischen Reisepass aus.

Beispielhafte Abbildung (dient nur zur Visualisierung)

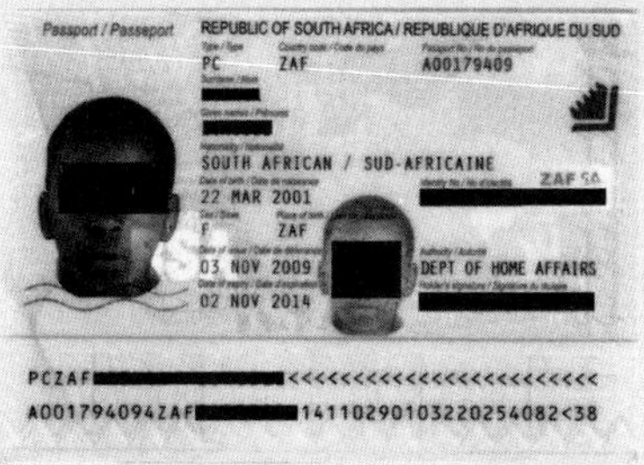

Bild © Bayerisches Landeskriminalamt, Dokumenteninformationssystem

Im Reisepass befindet sich ein deutsches Schengen-Visum der Kategorie C, gültig vom 01.02.2021 bis 01.02.2023, MULT Einreisen und 90 Tage Aufenthalt.

<u>Folgende Einreisestempel sind angebracht:</u>

- Einreise am 15.02.2021 über den Flughafen München
- Ausreise am 17.03.2021, ebenfalls über München
- Einreise am 05.04.2021 über den Flughafen München
- Ausreise am 16.04.2021, ebenfalls über München

Die Person gibt an, Freunde und Bekannte in Erding für -7- Tage besuchen zu wollen. Er legt eine (valide) Verpflichtungserklärung vor. Er kann dort bei der Person auch übernachten. Des Weiteren kann er Ihnen 3.000 Euro in bar vorlegen und führt darüber hinaus eine Mastercard der Bank of South Africa mit sich. Ein Rückreiseticket mit dem Lufthansaflug nach Johannesburg in -7- Tagen legt er Ihnen ebenfalls vor.

Zudem verfügt er über den notwendigen Krankenversicherungsschutz für den Aufenthalt im Schengen-Gebiet. Ein durchgeführter Datenabgleich in den einschlägigen Fahndungssystemen fällt negativ aus.

Frage: Prüfen Sie, ob die Person die Voraussetzungen für die Einreise in das Schengen-Gebiet erfüllt. Hinweis: Zu prüfen ist nur der Punkt 2 des Prüfungsschemas. Heute vor 180 Tagen war der 26.10.2020.

Teilaspekte des Falles 3:

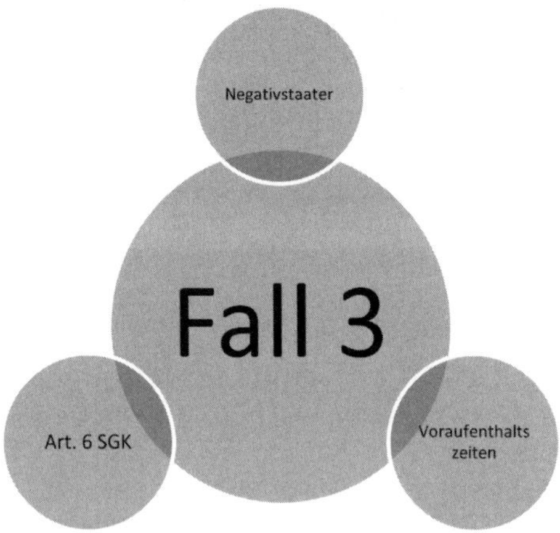

Lösungsvorschlag zum Punkt 2
[Prüfung der Voraussetzungen der einschlägigen ausländerrechtlichen Normen]

Fraglich ist, ob der südafrikanische Staatsangehörige in München nach Deutschland und damit in das Hoheitsgebiet der Schengener Vertragsstaaten in Gänze einreisen darf.

Gemäß der Stempellage reiste der Südafrikaner bereits mehrfach in das Schengen-Gebiet ein, wonach diese **Voraufenthaltszeiten** zu beachten sind.

Der S müsste die Einreisevoraussetzungen nach Art. 6 I SGK erfüllen.

- **Drittstaatsangehöriger?**

Die Person ist **südafrikanischer Staatsangehöriger** gemäß Nationalpass und somit weder Deutscher i. S. d. Art. 116 I GG noch Unionsbürger/Bürger des Europäischen Wirtschaftsraumes noch Schweizer Staatsangehöriger.

Die Person ist ebenso kein Familienangehöriger eines Unions-/EWR-Bürgers oder Schweizers und kann somit auch keine Freizügigkeit ableiten.

Der S kann daher nicht den freien Personenverkehr i. S. d. Art. 2 Nr. 5a SGK in Anspruch nehmen.

Er ist daher **Drittstaatsangehöriger** i. S. d. Art. 2 Nr. 6 SGK.

- **Kurzaufenthalt?**

Der S darf sich nur insgesamt 90 Tage in den vorangegangenen 180 Tagen im Hoheitsgebiet der Schengen-Vertragsstaaten aufhalten (**Kurzaufenthalt mit einem C-Visum**).

Der S hielt sich bisher weit **weniger als 90 Tage** in dem zurückliegenden Bezugszeitraum von 180 Tagen im Schengen-Gebiet auf, da er sich in diesem Zeitraum bisher erst 43 Tage im Hoheitsgebiet aufhielt.

Ein **Kurzaufenthalt** ist somit gegeben.

- **Einreisevoraussetzungen nach Art. 6 I a bis e SGK**
- **Art. 6 I a SGK: Gültiges Reisedokument?**

Der Südafrikaner weist sich mit einem zeitlich gültigen und i. S. d. § 3 I AufenthG anerkannten Reisepass aus. Der Reisepass ist nach der geplanten Ausreise noch mindestens drei Monate gültig und wurde in den vergangenen zehn Jahren ausgestellt.

Somit ist die Voraussetzung gemäß Art. 6 I a SGK erfüllt.

- **Art. 6 Ib SGK: Gültiges Visum, soweit erforderlich?**

Die Republik Südafrika ist im Anhang I der EUVisaVO aufgeführt. Südafrikanische Staatsangehörige sind demnach gemäß Art. 3 I i. V. m. Anhang I EUVisaVO visumspflichtig, und benötigen somit für die Einreise zum Zwecke eines Kurzaufenthalts ein Schengen-Visum der Kategorie C.

Laut SV legt der Drittstaatsangehörige ein solches zeitlich gültiges Visum eines Schengen-Vollanwenderstaates (hier: Deutschland) vor.

Somit sind die Voraussetzungen gemäß Art. 6 I b SGK erfüllt.

- **Art. 6 I c SGK: Anerkannter Zweck und ausreichende Mittel?**

Die Person möchte sich sieben Tage als Tourist in Erding aufhalten. Insgesamt führt die Person 3.000 Euro Bargeld, sowie eine Kreditkarte der Bank of South Africa mit sich. Bei einem in Deutschland gemäß Anlage 25 SGK, bzw. Anlage 18 VK, gültigen Richtbetrag von 45 Euro pro Tag, kann davon ausgegangen werden, dass die Person in der Lage ist, ihren Lebensunterhalt für die gesamte Dauer des Aufenthalts zu finanzieren.

Des Weiteren weist die Person eine Verpflichtungserklärung einer in Erding lebenden Person sowie ein Rückflugticket nach.

Der angestrebte Zweck, ein Freundschaftsbesuch, wird vom Regelungsgehalt der EUVisaVO erfasst.

Die Voraussetzungen des Art. 6 I c SGK sind somit erfüllt.

- **Art. 6 I d SGK: Keine Ausschreibung im SIS zur Einreiseverweigerung?**

Laut Sachverhalt besteht gegen den S keine derartige Ausschreibung. Somit ist auch die Voraussetzung gemäß Art. 6 I d SGK erfüllt.

- **Art. 6 I e SGK: Keine Gefahr oder nationale Ausschreibung?**

Es geht auch keine Gefahr für die öffentliche Ordnung, die innere Sicherheit, die öffentliche Gesundheit gemäß Art. 6 I e SGK von der Person aus. Darüber hinaus ist die Person laut Sachverhalt auch nicht in der nationalen Datenbank (Informationssystem der Polizeien der Länder und des Bundes) ausgeschrieben.

Ergebnis:

Somit erfüllt die Person alle geforderten Einreisevoraussetzungen des Art. 6 I SGK und darf in das Hoheitsgebiet der Schengener Vertragsstaaten zur Besuchsreise nach Erding einreisen.

12.2.4 Fall 4 – Diplomatenpassinhaber der Türkei

Sachverhalt:

Flughafen Stuttgart: Bei der grenzpolizeilichen Einreisekontrolle des Fluges aus Istanbul/Türkei erscheint ein türkischer Staatsangehöriger (T). Er gibt an, dass er jetzt 14 Tage in Deutschland Urlaub machen möchte. Er händigt Ihnen einen türkischen Diplomatenpass aus. Ein Visum hat er nicht. Er führt 800 Euro, ein Rückflugticket und eine Kreditkarte mit sich. Eine fahndungsmäßige Überprüfung verläuft negativ.

Frage: Prüfen Sie, ob T die Voraussetzungen für die Einreise erfüllt.

Teilaspekte des Falles 4:

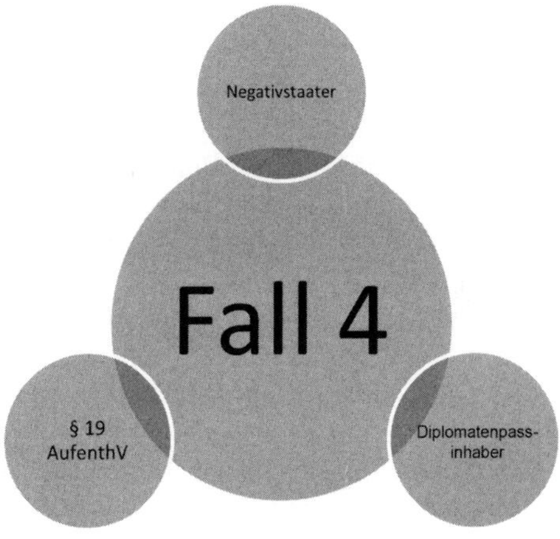

Gemäß der Fragestellung müssen Sie auf die Punkte 1 und 2 des Schemas eingehen:

1. Herausarbeiten der anzuwendenden Rechtsnormen
1.1 Statusprüfung der Person
1.2 Grenze
1.3 Beabsichtigte Dauer und Zweck des Aufenthalts
1.4 Anzuwendende Rechtsnormen nennen
2. Prüfung der Voraussetzungen der einschlägigen ausländerrechtlichen Normen

Lösungsvorschlag zum Punkt 1
[Herausarbeiten der anzuwendenden Rechtsnormen]
Statusprüfung der Person

Es handelt sich um einen **türkischen** Staatsangehörigen. Der T ist kein Deutscher i. S. d. Art. 116 I GG und somit Ausländer i. S. d. § 2 I AufenthG.

Der T ist weder Unions-/EWR-Bürger noch Staatsangehöriger der Schweiz, und es liegen auch keine Anhaltspunkte dafür vor, dass er Familienangehöriger eines Unions-/EWR-Bürgers oder Schweizers ist, der sein Freizügigkeitsrecht in Anspruch nimmt.

Somit hat er kein Recht auf freien Personenverkehr gemäß Art. 2 Nr. 5 SGK.

Somit ist er **Drittstaatsangehöriger** gemäß Art. 2 Nr. 6 SGK.

Grenze

Deutschland ist Schengen-Staat; die Türkei hingegen nicht. Folglich handelt es sich hier um eine Schengen-Außengrenze gemäß Art. 2 Nr. 2 SGK. Diese wurde überflogen. Die Person befindet sich noch in der Einreisekontrolle. Die Einreise ist somit gemäß § 13 II S. 1 AufenthG noch nicht vollendet.

Beabsichtigte Dauer und Zweck des Aufenthalts

Die Person gibt an, 14 Tage in Deutschland Urlaub machen zu wollen und dann wieder zurück in die Türkei zu fliegen. Voraufenthaltszeiten im Schengen-Gebiet liegen nicht vor. Er überschreitet damit nicht die zeitliche Grenze von 90 Tagen je Zeitraum von 180 Tagen.

Es handelt sich demnach um einen **Kurzaufenthalt**.

Anzuwendende Rechtsnormen nennen

Vorrangig ist der SGK und die EUVisaVO zu prüfen, ergänzend kommen das AufenthG und die AufenthV zur Anwendung.

Lösungsvorschlag zum Punkt 2

[Prüfung der Voraussetzungen der einschlägigen ausländerrechtlichen Normen]

Der T müsste die Einreisevoraussetzungen des Art. 6 I SGK erfüllen.

Wie bereits oben festgestellt, handelt es sich um einen Drittstaatsangehörigen, welcher die Schengen-Außengrenze überschreitet. Die Einreisevoraussetzungen des Art. 6 I SGK sind zu prüfen.

- **Art. 6 I a SGK: Gültiges Reisedokument?**

Der T weist sich mit einem zeitlich gültigen und i. S. d. § 3 I AufenthG anerkannten türkischen Diplomatenpass aus. Es ist davon auszugehen, dass der Reisepass in den vergangenen zehn Jahren ausgestellt wurde und nach geplanter Ausreise noch mindestens drei Jahre lang gültig ist. Somit ist die Voraussetzung gemäß Art. 6 I a SGK erfüllt.

- **Art. 6 I b SGK: Gültiges Visum, soweit erforderlich?**

Die Türkei ist in Anhang I der EUVisaVO erwähnt. Daher ist T gemäß Art. 3 I i. V. m. Anhang I der EUVisaVO für einen Kurzaufenthalt nicht von der Visapflicht befreit.

Allerdings wird den Mitgliedsstaaten durch die sog. ***Öffnungsklausel*** nach Art. 6 I a EUVisaVO ermöglicht, Inhaber von Diplomatenpässen von der Visumpflicht zu befreien. Laut § 15 AufenthV ist diese Befreiung nur dann zulässig, wenn das Recht der EU eingehalten wird und der T alle sonstigen Einreisevoraussetzungen erfüllt.

Als nationaler Befreiungstatbestand kommt § 19 AufenthV i. V. m. der Anlage B zur AufenthV in Betracht. Wie oben bereits geprüft, handelt es sich um einen Kurzaufenthalt. Der türkische

Diplomatenpass ist in Anlage B aufgeführt. Der T beabsichtigt keine Erwerbstätigkeit.

Daher ist T durch nationales Recht von der Visapflicht befreit, und die Voraussetzungen des Art. 6 I b SGK sind erfüllt.

- **Art. 6 I c SGK: Anerkannter Zweck und ausreichende Mittel?**

Der T kann 800 Euro, ein Rückflugticket und eine Kreditkarte vorzeigen. Somit erfüllt T auch die Einreisevoraussetzung nach Art. 6 I c SGK.

Zu beachten ist, dass gemäß Art. 20 I SGK i. V. m. Anhang VII zum SGK Inhaber von u. a. Diplomatenpässen von dem Nachweis befreit sind, dass sie über ausreichende Mittel zur Bestreitung ihres Lebensunterhaltes verfügen.

- **Art. 6 I d SGK: Keine Ausschreibung im SIS zur Einreiseverweigerung?**

Eine Ausschreibung im SIS zur Einreiseverweigerung liegt erkennbar nicht vor.

- **Art. 6 I e SGK: Keine Gefahr oder nationale Ausschreibung?**

Der T stellt keine Gefahr dar und ist auch nicht national ausgeschrieben. Somit ist auch diese Voraussetzung erfüllt.

Ergebnis:

Insgesamt erfüllt der T die Einreisevoraussetzungen gemäß Art. 6 I SGK. Er darf einreisen.

12.2.5 Fall 5 – Positivstaater mit Erwerbstätigkeit

Sachverhalt:

Flughafen Frankfurt/Main: Bei der grenzpolizeilichen Einreisekontrolle des Fluges aus Los Angeles/USA erscheint die mexikanische Staatsangehörige (M). Sie händigt Ihnen einen mexikanischen Reisepass aus.

Beispielhafte Abbildung (dient nur zur Visualisierung)

Bild © Bayerisches Landeskriminalamt, Dokumenteninformationssystem

Ein Visum hat Sie nicht. Sie führt 700 Euro in bar mit sich sowie eine Kreditkarte.

Sie gibt an, an einer betrieblichen Weiterbildung teilnehmen zu wollen. Sie ist eigentlich tätig im ZF[47]-Werk in Mexiko und wird jetzt die nächsten zwei Monate in Schweinfurt eine Weiterbildung absolvieren. Ein Schreiben des Konzerns kann Sie Ihnen vorweisen.

Eine fahndungsmäßige Überprüfung verläuft negativ.

Frage: Prüfen Sie, ob M die Voraussetzungen für die Einreise erfüllt.

47 ZF = Zahnradfabrik Friedrichshafen AG, Automobilzulieferer.

Teilaspekte des Falles 5:

Gemäß der Fragestellung müssen Sie auf die Punkte 1 und 2 des Schemas eingehen:

1. Herausarbeiten der anzuwendenden Rechtsnormen

1.1 Statusprüfung der Person

1.2 Grenze

1.3 Beabsichtigte Dauer und Zweck des Aufenthalts

1.4 Anzuwendende Rechtsnormen nennen

2. Prüfung der Voraussetzungen der einschlägigen ausländerrechtlichen Normen

Lösungsvorschlag zum Punkt 1 [Herausarbeiten der anzuwendenden Rechtsnormen]

Statusprüfung der Person

Es handelt sich um eine Person aus **Mexiko**. M ist keine Deutsche i. S. d. Art. 116 I GG und somit Ausländerin i. S. d. § 2 I AufenthG.

Die M ist weder Unions-/EWR-Bürgerin noch Staatsangehörige der Schweiz, und es liegen auch keine Anhaltspunkte dafür vor, dass sie Familienangehörige eines EU-/EWR-Bürgers oder Schweizers ist, der sein Freizügigkeitsrecht in Anspruch nimmt.

Somit hat sie kein Recht auf freien Personenverkehr gemäß Art. 2 Nr. 5 SGK.

Somit ist sie **Drittstaatsangehörige** gemäß Art. 2 Nr. 6 SGK.

Grenze

Die USA sind kein Schengen-Staat i. S. d. SGK. Deutschland ist ein Schengen-Staat. Folglich handelt es sich hier um eine Schengen-Außengrenze gemäß Art. 2 Nr. 2 SGK. Diese wurde überflogen. Die Person befindet sich noch in der Einreisekontrolle. Die Einreise ist somit gemäß § 13 II S. 1 AufenthG noch nicht vollendet.

Beabsichtigte Dauer und Zweck des Aufenthalts

Voraufenthaltszeiten sind bei M laut Sachverhalt nicht erkennbar. Die Person möchte sich im Schengen-Raum zum Zwecke der Weiterbildung aufhalten, um in Deutschland zwei Monate im ZF Werk in Schweinfurt tätig zu sein. Sie überschreitet damit nicht den Zeitraum von 90 Tagen je Zeitraum von 180 Tagen. Es handelt sich demnach um einen Kurzaufenthalt im Schengen-Gebiet gemäß Art. 6 I SGK.

Anzuwendende Rechtsnormen nennen

Vorrangig sind der SGK und die EUVisaVO anzuwenden.

Ergänzend kommen das AufenthG und die AufenthV zur Anwendung.

Lösungsvorschlag zum Punkt 2

[Prüfung der Voraussetzungen der einschlägigen ausländerrechtlichen Normen]

Die M müsste die Einreisevoraussetzungen des Art. 6 I SGK erfüllen.

Wie bereits oben festgestellt, handelt es sich um eine Drittstaatsangehörige, welche die Schengen-Außengrenze überschreitet und für die Dauer eines Kurzaufenthalts einreisen möchte.

▸ **Art. 6 I a SGK: Gültiges Reisedokument?**

Die Mexikanerin weist sich mit einem zeitlich gültigen und i. S. d. § 3 I AufenthG anerkannten Reisepass von Mexiko aus. Es ist davon auszugehen, dass der Reisepass nach geplanter Ausreise noch mindestens drei Monate gültig ist und in den vergangenen zehn Jahren ausgestellt wurde. Somit sind die Voraussetzungen gemäß Art. 6 I a SGK erfüllt.

▸ **Art. 6 I b SGK: Gültiges Visum, soweit erforderlich?**

Mexiko ist im Anhang II der EUVisaVO gelistet. Demnach wäre die M. gemäß Art. 4 I i. V. m. Anhang II EUVisaVO von der Visumspflicht befreit. Allerdings beabsichtigt die M, während Ihres Aufenthalts, einer Erwerbstätigkeit nachzugehen.

Gemäß Art. 6 III EUVisaVO können die Mitgliedstaaten für Personen, die während ihres Aufenthalts einer Erwerbstätigkeit nachgehen wollen, Ausnahmen von der Befreiung von der Visapflicht vorsehen. Der § 17 I AufenthV beschreibt das **Nichtbestehen** der Befreiung bei Erwerbstätigkeit während eines Kurzaufenthalts.

Die M ist demnach für die Dauer dieses beabsichtigten Kurzaufenthalts von der Visumpflicht grundsätzlich nicht befreit. Allerdings könnte eine Ausnahme nach § 17 II AufenthV vorliegen. Demnach findet § 17 I AufenthV keine Anwendung, soweit der Ausländer im Bundesgebiet bis zu 90 Tage innerhalb von zwölf Monaten lediglich Tätigkeiten ausübt, die nach § 30 Nr. 2 und 3 BeschV nicht als Beschäftigung gelten.

Nach § 30 Nr. 2 der BeschV fallen u. a. Tätigkeiten nach § 17 BeschV darunter. § 17 BeschV gilt für im Ausland beschäftigte Fachkräfte eines internationalen Konzerns zum Zwecke einer betrieblichen Weiterbildung im inländischen Unternehmensteil.

Dies liegt hier vor, da die M in Schweinfurt eine berufliche Weiterbildung beim international agierenden Konzern ZF absolvieren wird. Die Dauer von zwei Monaten ist zulässig. Voraufenthaltszeiten sind nicht erkennbar.

Somit ist die M von der Visapflicht befreit und erfüllt die Voraussetzungen nach Art. 6 I b SGK.

- **Art. 6 I c SGK: Anerkannter Zweck und ausreichende Mittel?**

Die M nimmt für zwei Monate an der beruflichen Weiterbildung teil. Es handelt sich hierbei um einen anerkannten Zweck. Die Voraussetzungen des Art. 6 I c SGK liegen vor.

- **Art. 6 I d SGK: Keine Ausschreibung im SIS zur Einreiseverweigerung?**

Eine Ausschreibung im SIS zur Einreiseverweigerung liegt erkennbar nicht vor.

- **Art. 6 I e SGK: Keine Gefahr oder nationale Ausschreibung?**

Die M ist nicht national ausgeschrieben. Somit ist auch diese Voraussetzung erfüllt.

Ergebnis:

Insgesamt erfüllt die M die Einreisevoraussetzungen gemäß Art. 6 I SGK (und darf demnach einreisen).

SACHVERHALTS-ABWANDLUNG:

Wie wäre der Fall zu beurteilen, wenn die M sich bei der Erwerbstätigkeit **nicht** auf einen Befreiungstatbestand nach der AufenthV/BeschV hätte stützen können?

Prüfen Sie (lediglich) den Punkt 3 des Prüfungsschemas.

Hinweis:

Mögliche ausländerrechtliche Verstöße sind nicht zu prüfen! Ermessen, Verhältnismäßigkeit und Zuständigkeit einer ggf. zu treffenden Maßnahme sind als gegeben anzusehen.

Prüfung der zu treffenden ausländerrechtlichen Befugnis (hier: Einreiseverweigerung)

Fraglich ist, ob der M gemäß **Art. 14 I SGK** die Einreise zu verweigern ist.

Drittstaatsangehöriger?

Demnach müsste es sich zunächst bei der Polizeipflichtigen um eine Drittstaatsangehörige gemäß Art. 2 Nr. 6 SGK handeln. Wie bereits oben geprüft, handelt es sich bei M um eine Drittstaatsangehörige im oben genannten Sinne.

Keine vollendete Einreise?

Weiterhin ist die Person, wie oben geprüft, nicht vollendet eingereist gemäß § 13 II 1 AufenthG.

Nichterfüllung von Art. 6 I a bis e SGK?

Laut Art. 14 I 1 SGK wird dem Drittstaatsangehörigen die Einreise verweigert, der nicht alle Einreisevoraussetzungen des Art. 6 I SGK erfüllt. Wie in der o. g. Aufgabenstellung erwähnt, erfüllt die M aufgrund der beabsichtigten Aufnahme einer Erwerbstätigkeit nicht die in Art. 6 I b, c, und e SGK vorgeschriebenen Einreisevoraussetzungen.

Kein Personenkreis nach Art. 6 V SGK?

Als Ausnahme von der gebundenen Verwaltung des Art. 14 I 1 SGK wird demjenigen Drittstaatsangehörigen die Einreise ausnahmsweise gestattet, wenn dieser zu dem Adressatenkreis des Art. 6 V a, b oder c SGK zählt.

Die M gehört nicht zum Adressatenkreis des Art. 6 V SGK, da es sich um keine Durchreise handelt, die Voraussetzungen eines Ausnahmevisums und auch keine humanitären Gründe vorliegen.

Die M im vorliegenden Fall kann sich nicht auf die Ausnahme des Art. 6 V SGK berufen.

Etwaige Einreiseverweigerungshindernisse gemäß § 15 IV i. V. m. § 60 I–III, V, VII–IX AufenthG sind nicht erkennbar.

Die Einreiseverweigerung erfolgt gemäß § 64 III AufenthG grundsätzlich in den Staat, welcher das Reisedokument ausgestellt hat oder aus dem der Ausländer einzureisen versucht. Die Frau legte einen mexikanischen Reisepass vor und versuchte, von den USA nach Deutschland einzureisen. Somit könnte hier die Zurückweisung entweder in die USA oder direkt nach Mexiko erfolgen.

Ermessen, Verhältnismäßigkeit und Zuständigkeit der Maßnahme sind laut Hinweis als gegeben anzusehen.

ERGEBNIS:

Somit liegen die Voraussetzungen der Einreiseverweigerung gegenüber der mexikanischen Staatsangehörigen vor, und ihr ist gemäß Art. 14 I SGK die **Einreise zu verweigern**.

12.2.6 Fall 6 – Beispiel Japan (§ 16 AufenthV)

Sachverhalt:

Flughafen Hamburg: Bei der grenzpolizeilichen Einreisekontrolle des Fluges aus London/UK erscheint die japanische Staatsangehörige (J) und weist sich mit einem am 20.04.2020 ausgestellten und bis 19.04.2030 gültigen japanischen Reisepass aus. Sie gibt an, auf einer Rundreise durch Europa zu sein. Sie plant einen 30-tägigen Aufenthalt in Deutschland, um hier eine Städtetour zu unternehmen. Sie kann diese Reise durch Hotelbuchungen und einen Tourplan belegen. Darüber hinaus verfügt sie über 800 Euro in bar und über eine gedeckte Kreditkarte. Weiterhin gibt sie an, nach Ablauf der Städtetour ihre Europareise zu beenden. Alle Angaben sind glaubhaft. Sie können dem Reisepass entnehmen, dass sich die Person bereits 70 Tage im Schengen-Raum aufgehalten hat und zudem 20 Tage in UK war.

Ein Visum hat Sie nicht. Eine fahndungsmäßige Überprüfung verläuft negativ.

Frage: Prüfen Sie, ob J die Voraussetzungen für die Einreise und den Aufenthalt erfüllt.

Teilaspekte des Falles 6:

Gemäß der Fragestellung müssen Sie auf die Punkte 1 und 2 des Schemas eingehen:

1. Herausarbeiten der anzuwendenden Rechtsnormen

1.1 Statusprüfung der Person

1.2 Grenze

1.3 Beabsichtigte Dauer und Zweck des Aufenthalts

1.4 Anzuwendende Rechtsnormen nennen

2. Prüfung der Voraussetzungen der einschlägigen ausländerrechtlichen Normen

Lösungsvorschlag zum Punkt 1
[Herausarbeiten der anzuwendenden Rechtsnormen]
Statusprüfung der Person

Bei der J handelt es sich um eine **japanische** Staatsangehörige, demnach ist sie keine Deutsche i. S. d. Art. 116 I GG und somit Ausländerin gemäß § 2 I AufenthG.

Sie ist weder Unions-, EWR-Bürgerin noch Staatsangehörige der Schweiz. Weiterhin liegen keine Anhaltspunkte dafür vor, dass sie Familienangehörige eines der oben genannten Bürger ist, welcher sein Recht auf Freizügigkeit in Anspruch nimmt. Demnach hat sie keinen Anspruch auf freien Personenverkehr nach Art. 2 Nr. 5 SGK.

J ist somit **Drittstaatsangehörige** gemäß Art. 2 Nr. 6 SGK.

Grenze

Das Vereinigte Königreich ist kein Schengen-Staat i. S. d. SGK. Deutschland ist ein Schengen-Staat. Folglich handelt es sich hier um eine Schengen-Außengrenze gemäß Art. 2 Nr. 2 SGK. Diese wurde überflogen. Die Person befindet sich noch in der Einreisekontrolle. Die Einreise ist somit gemäß § 13 II S. 1 AufenthG noch nicht vollendet.

Beabsichtigte Dauer und Zweck des Aufenthalts

Die J gibt an, dass sie eine 30-tägige Städtetour in Deutschland plant. Hierbei handelt es sich um einen Kurzaufenthalt 90/180 Tage i. S. d. Art. 6 I SGK.

J hielt sich bereits 70 Tage in den vergangenen 180 Tagen im Schengen-Raum auf.

Demnach würde es sich, nach Einberechnung der anstehenden 30 Tage, um einen Aufenthalt von insgesamt 100 Tagen innerhalb der 180 Tage handeln und die zeitliche Grenze eines Kurzaufenthaltes i. S. d. Art. 6 I SGK übersteigen.

Der Art. 20 II SDÜ regelt, dass die Nationalstaaten Ausnahmen von der zeitlichen Grenze, jedoch maximal 90 Tage auf dessen Hoheitsgebiet beschränkt, machen können, wenn diese ein bilaterales Abkommen, vor Inkrafttreten des SDÜ, geschlossen haben.

J will sich lediglich noch 30 Tage in Deutschland aufhalten, demnach handelt es sich **auf Deutschland bezogen**, weiterhin um einen Aufenthalt von weniger als den oben genannten 90 Tagen und somit um einen Kurzaufenthalt i. S. d. Art 20 II SDÜ.

Anzuwendende Rechtsnormen nennen

Vorrangig sind der SGK, das AufenthG und die AufenthV anzuwenden. Nach erfolgter Einreise das SDÜ.

Lösungsvorschlag zum Punkt 2

[Prüfung der Voraussetzungen der einschlägigen ausländerrechtlichen Normen]

Die J müsste die Einreisevoraussetzungen des Art. 6 I SGK erfüllen.

Wie bereits oben festgestellt, handelt es sich um eine Drittstaatsangehörige, welche die Schengen-Außengrenze überschreitet und für die Dauer eines Kurzaufenthalts einreisen möchte.

- **Art. 6 I a SGK: Gültiges Reisedokument?**

Die J weist sich mit einem am 20.04.2020 ausgestellten und bis 19.04.2030 gültigen japanischen Reisepass aus, welcher nach § 3 I AufenthG anerkannt ist. Demnach ist der Reisepass noch mindestens drei Monate nach geplanter Ausreise gültig und wurde in den vergangenen 10 Jahren ausgestellt. Somit erfüllt J die Voraussetzung des Art. 6 I a SGK

- **Art. 6 I b SGK: Gültiges Visum, soweit erforderlich?**

Grundsätzlich handelt es sich bei japanischen Staatsangehörigen gemäß Art. 4 I i. V. m. Anhang II EUVisaVO, um sogenannte Positivstaater, welche bei der Einreise über die Schengen-Außengrenze bei einem geplanten Kurzaufenthalt i. S. d. Art. 6 I SGK, visumsfrei sind.

Wie jedoch bereits geprüft, handelt es sich nicht um einen Kurzaufenthalt nach Art. 6 I SGK, sondern um einen geplanten Kurzaufenthalt nach Art. 20 II SDÜ. Demnach bedarf es für die visafreie Einreise eines bilateralen Abkommens Deutschland-Japan und der Aufenthalt muss sich rein auf Deutschland für max. 90 Tage beschränken.

Ein solches Abkommen besteht gemäß § 16 AufenthV i. V. m. Anlage A u. a. mit Japan. Die J gibt an, für 30 Tage in Deutschland bleiben zu wollen und danach direkt nach Japan zurückzukehren. Somit kann sie für den geplanten Aufenthalt visumfrei einreisen. Sie erfüllt die Voraussetzung des Art. 6 I b SGK.

- **Art. 6 I c SGK: Anerkannter Zweck und ausreichende Mittel?**

J plant eine 30-tägige Städtetour in Deutschland und kann diverse Hotelbuchungen sowie einen Tourplan vorlegen. Sie verfügt über 800 Euro in bar und führt eine gedeckte Kreditkarte mit sich. Weiterhin ist sie im Besitz eines Rückflugtickets. J erfüllt die Voraussetzung des Art. 6 I c SGK.

- **Art. 6 I d SGK: Keine Ausschreibung im SIS zur Einreiseverweigerung?**

Eine Ausschreibung im SIS zur Einreiseverweigerung liegt erkennbar nicht vor.

- **Art. 6 I e SGK: Keine Gefahr oder nationale Ausschreibung?**

Die J ist weder national zur Einreiseverweigerung ausgeschrieben noch stellt sie eine Gefahr für die die öffentliche Sicherheit, die öffentliche Gesundheit oder die internationalen Beziehungen dar. Somit ist auch diese Voraussetzung erfüllt.

Ergebnis

Insgesamt erfüllt die J die Einreisevoraussetzungen gemäß Art. 6 I SGK (und darf demnach einreisen). Das Recht auf Aufenthalt ergibt sich aus Art. 20 I, II SDÜ i. V. m. § 16 AufenthV.